Fischland
Darß – Zingst

EDITION TEMMEN

Die Deutsche Bibliothek – CIP-Einheitsaufnahme
Sietz, Henning: Fischland–Darß–Zingst :
ein illustriertes Reisehandbuch / von Henning Sietz. –
Bremen, Rostock : Ed. Temmen, 2001
ISBN 3-86108-485-6

2., aktualisierte Auflage 2002

Bildnachweis:
Titelabbildung: Angelika Heim
Darß-Museum Prerow: 87; Günter Franz: 8/9, 14/15, 19, 23, 35, 45, 54, 59, 89, 98/99, 127, 144/145; Angelika Heim: 36/37, 56, 67, 70, 88, 119, 129; Fritz Koch-Gotha: 57; Friedhelm Hoffmann: 72;
René Legrand: 25, 26/27, 28, 53, 97, 134/135; Eckhard Oberdörfer: 73, 90/91; Rolf Reinicke: 3, 11, 13, 82; Rolf Rettich: 7, 64; Joachim Richau: 69; Bernd Rickelt: 132/133; Willi Rolfes: 16/17, 43; Dieter Schulze: 125; Roland Weiß: 116; Verlagsarchiv: 29, 31, 33, 42, 47, 48, 49, 50, 51, 66, 123, 128; voigt & kranz GbR: 40/41, 61, 104/105
alle übrigen Fotos: Henning Sietz

Kartografie: Elsner & Schichor, Büro für Karten und Grafik, Karlsruhe
Redaktion & Layout: Daniela Müller

Dieses illustrierte Reisehandbuch wurde nach bestem Wissen zusammengestellt. Im Sinne des Produkthaftungsgesetzes weisen Autoren und Verlag darauf hin, dass inhaltliche Fehler und Änderungen nach Drucklegung dennoch nicht auszuschließen sind. Aus diesem Grund übernehmen Verlag und Autoren keine Verantwortung und Haftung, alle Angaben erfolgen ohne Gewähr. Änderungs- und Verbesserungsvorschläge seitens der Leser nimmt der Verlag gerne entgegen.

Hohenlohestr. 21 – 28209 Bremen
Tel. 0421-34843-0 – Fax 0421-348094
e-Mail: info@edition-temmen.de

Herstellung: Edition Temmen
ISBN 3-86108-485-6

Fischland–Darß–Zingst

Ein illustriertes Reisehandbuch
von Henning Sietz

Edition Temmen

Land & Leute

Das Vorland

Das Fischland

Der Darß

Der Zingst

Südliche Boddenküste

Land zwischen Bodden und Meer

Der Name »Fischland-Darß-Zingst« geht dem Urlauber und Freund der Ostseeküste nicht so leicht von der Zunge. Doch wer es wissen will, überwindet die kleine Hürde - und stellt fest, dass es ja anders gar nicht sein kann. Die Insel-Landschaft zwischen Rostock und Stralsund, vom Dornbusch auf Hiddensee teilweise mit bloßem Auge zu erkennen, ist so vielfältig, dass es für diese Region schlechterdings keinen griffigen Namen geben kann. Das leicht hügelige Fischland steht für sich, der Darß ist sowieso ein Original, und der Zingst im Nordosten, der Hiddensee die Hand zu reichen scheint, ist ebenfalls eine Welt für sich.

Die drei Inseln sind, obwohl bereits vor Jahrhunderten zu einer großen, sichelförmigen Halbinsel zusammengewachsen, immer noch wie drei Glieder einer Kette. Auch der moderne Tourismus, der nach der Wende auf Fischland-Darß-Zingst Einzug hielt, hat die Unterschiede der Natur und Geschichte, der Kultur und Mentalität der Bewohner nicht ganz einebnen können. Ein Zingster ist nun mal keiner aus Prerow. Und ein Fischer aus Althagen gehört noch lange nicht zu Ahrenshoop.

So reisen die heutigen Urlauber, die Fahrräder auf dem Autodach, von Hamburg oder Berlin in eine der ungewöhnlichsten Landschaften, die die deutsche Ostseeküste bieten kann. Die einen kommen im Frühjahr und Herbst und wollen Kraniche sehen. Die nächsten fahren am liebsten jeden Tag mit dem Fahrrad durch die Landschaften. Andere wiederum wollen nur am Strand liegen. Für viele steht Wandern auf dem Programm, oder aber die hochinteressante Botanik des Darß erkunden - und endlich mal mit einem historischen Zeesenboot segeln.

Das Feriengebiet mit dem langen Namen, dem dieses Buch gewidmet ist, kann alle diese Interessen zufriedenstellen. Der »Darß«, nennen wir die gesamte Landschaft mal beim Kurznamen, der sich eingebürgert hat, bietet vielen viel. Sogar dem Mentalitätsforscher, dem Historiker, dem an bäuerlicher Kultur Interessierten. Vieles, was die Landschaft an Wertvollem in sich birgt, offenbart sich aber nur auf den zweiten Blick oder dem, der bereits vieles weiß. Man sieht nur, was man weiß, lautet ein bekannter Spruch. Dieses Buch ist geschrieben worden, damit man mehr von dem kennt, was zu sehen ist.

Land & Leute

Kleine Landeskunde

Geologie und Landschaftsbild

Die Geschichte der Halbinselkette Fischland-Darß-Zingst beginnt vor etwa 12.000 Jahren, als die Gletscher der Weichsel-Eiszeit allmählich abschmolzen und sich zurückzogen. Wie weit die mehrere hundert Meter hohen Eismassen vorgedrungen waren, zeigt eine Kette von Endmoränen an der südlichen Boddenküste, ein paar Kilometer landeinwärts. Diese so genannte **Velgaster Staffel** bezeichnet die Endlinie des letzten Vorstoßes des »Pommerschen Stadiums« und bildet besonders östlich von Barth ein auffallendes, recht lebhaftes Landschaftsrelief.

Während dort Schutt und Geröll zu markanten Hügeln zusammengeschoben wurden, hobelten die Gletscher andernorts Geländeformationen ab und ließen mitgeführtes Geröll, Schotter und Gestein beim Abschmelzen liegen. So entstand das Fischland mit seinem sanft gerundeten **Grundmoränenbuckel** zwischen Wustrow und Althagen. Allerdings gab es damals das Steilufer südlich von Ahrenshoop noch nicht, denn das Land erstreckte sich viel weiter als heute nach Nordwesten, in das Gebiet der erst später entstandenen Ostsee hinaus.

Aus dem eiszeitlichen Schutt der Grundmoränen des Fischlandes bildete sich im Laufe der Jahrtausende **Geschiebemergel**, ein ausgesprochen fruchtbarer Ackerboden.

In der **mittleren Steinzeit** wurden die Gegend um Dierhagen, das Fischland und der Altdarß besiedelt oder doch zumindest von Zeit zu Zeit von Menschen aufgesucht, wie Funde von Pfeilspitzen, Schabern, Beilen sowie Klingen aus Feuerstein belegen.

Weiter nördlich entstand Land auf ganz andere Weise: Dort hatten Schmelzwasserströme der sich zurückziehenden Gletscher Sand und feinen Kies als großflächige Sander abgelagert, die Wind und Wasser ausgesetzt waren und deshalb ständig ihre Gestalt veränderten. Daraus entstanden der **Altdarß** sowie andere Gebiete weiter östlich, aus denen später der Zingst hervorgehen sollte.

In der **jüngeren Steinzeit** senkte sich das Terrain nördlich der heutigen Küste sowie Norddeutschlands und Polens stark ab, sodass um 5000 v. Chr. Wassermassen von der Nordsee her einströmten und das Becken auffüllten. Damit war das **Litorina Meer** entstanden, Vorgängerin der Ostsee, benannt nach der Meeresschnecke Litorina litorea. Das Wasser ließ nur die höheren Gebiete frei, zum Beispiel die Grundmoräne des Fischlandes, den Altdarß und einige Gebiete weiter östlich, die zu Inseln wur-

➢ Blick über den Saaler Bodden auf die Borner Bülten und Born (im Hintergrund)

den. Weiter im Norden soll es ebenfalls einige flache Inseln gegeben haben, »Prerowland« genannt, die aber im Laufe der Zeit verschwanden. Ein Überrest dieses Eilandes ist die **Prerow-Bank**, eine seit Jahrhunderten von Seefahrern gefürchtete Untiefe nördlich des Darßer Ortes.

Unmittelbar nach Entstehung des Litorina Meeres setzte der Prozess der **Ausgleichsküste** ein. Dabei trägt die Brandung Sedimente ab, die von der Strömung abtransportiert und in ruhigeren Gewässern, etwa im Strömungsschatten hinter Inselkernen, abgelagert werden. Ein Teil des Fischlandes, das damals viel größer war als heute, fiel diesem Prozess zum Opfer. Das »Hohe Ufer«, gelegen zwischen Wustrow und Ahrenshoop, ist das Ergebnis dieser **Abtragung**, die mit einer durchschnittlichen Geschwindigkeit von 0,6 m im Jahr bis heute fortschreitet.

Aufgrund dieser **Strömungen** gestaltete sich die Küste grundlegend um: Vom südlichen Festland (Graal-Müritz, Dierhagen) wuchs ein hakenartiger Landfortsatz in Richtung der Insel Fischland, während das vom westlichen Fischland abgetragene Material sich weiter nördlich als ein zum Altdarß gerichteter **Sandhaken** absetzte. Der

Altdarß griff mit einem Sandhaken zu den Inselkernen des Zingst aus, diese setzten sich ebenfalls nach Osten fort. Im Laufe der Jahrtausende wuchsen die Inseln aufeinander zu und vereinigten sich im großen Ganzen vor etwa 3000 Jahren miteinander.

Allerdings verschlossen sich die Landverbindungen nicht ganz, denn es gab mindestens sechs **Wasserläufe** (auch Tiefs oder Seegatts genannt) zwischen den Binnengewässern und dem Meer, die von Geografen gewöhnlich als Mündungsarme der Recknitz angesehen werden. Durch die sich langsam schließenden Inselketten entstanden **lagunenartige Binnengewässer** – Saaler Bodden, Bodstedter Bodden, Barther Bodden und Grabow –, die heute etwa 2,5 m tief sind und im Osten (bei den Werder-Inseln) Verbindung zur Ostsee haben.

Die **Landverbindungen** zwischen den Inselkernen waren sehr flache Gebiete, wie z.B. das Land nordöstlich von Dierhagen, der Vordarß nördlich von Ahrenshoop, auch »Werre« genannt, die Landschaft um den Prerowstrom und die Alte Straminke bei Zingst. Von ihnen ging für die seit dem Ende des 13. Jahrhunderts eintreffenden Siedler eine gewisse Gefahr aus, denn bei Sturmfluten brach dort regelmäßig die Ostsee zu den Boddengewässern durch.

Die interessanteste Landbildung ist die Entstehung des **Neudarß**: Westlich des Altdarß lagerte die schwächer werdende Strömung Sedimente ab, die der Wind aufwehte, sodass sich Strandwälle und kleine Binnendünen bildeten. Die im Norden des Altdarß verlaufende Darß-Furche wurde auf diese Weise allmählich geschlossen. Die **Strandwälle**, auch »Reffe« genannt, liegen entsprechend der Strömung bzw. Ablagerung von West nach Ost. Sie schnürten Lagunen von der Ostsee ab, die allmählich zu Strandseen wurden.

Um 1650 gab es am Weststrand bereits drei große **Strandseen**, und zwar den Schmalreff-See, den Tiefe Stück-See und den Süder-Bramhakensee. Die Bildung des Norder-Bramhakensees war bereits weit fortgeschritten. Die Gewässer verloren allmählich ihren Salzgehalt, verschilften und vermoorten, so-

Wie das Fischland entstand

»Das Fischland ist der Sage nach folgendermaßen entstanden. Einmal bei einem sehr heftigen Sturme ist von Dänemark oder einer dänischen Insel ein großes Stück Land abgerissen und herübergetrieben und hat sich an die Nordküste von Meklenburg als Halbinsel angelegt. Diese Halbinsel wurde das Fischland genannt. Auf dem angetriebenen Landstrich stand ein dänisches Schloß oder Kloster, in welchem noch lange ein altes Fräulein, nach Anderen eine Fürstin oder Prinzessin lebte. Die Stelle, wo das alte Schloß gestanden, wird noch auf dem Dierhäger Felde bezeichnet. Das Dorf Dändorf hat seinen Namen von den Dänen erhalten.«

Aus: Karl Bartsch: Sagen, Märchen und Gebräuche aus Meklenburg. Reprint der Ausgaben Wien 1879 und 1880, Hildesheim 1978.

➢ Blick über die Grabow auf die Halbinsel Zingst

dass die ersten Seen heute fast völlig verschwunden und nur noch als **Moore** oder **feuchte Senken** (Riegen) erkennbar sind. Der Prozess der Ausgleichsküste setzt sich bis heute fort und ist besonders gut am Darßer Ort zu erkennen.

Das Landschaftsbild veränderte sich nicht nur durch die Einflüsse der Natur – es war der Mensch, der die Landschaft nachhaltig gestaltete, sei es durch Abholzung des flächendeckenden Eichen-Buchen-Waldes seit der Besiedlung gegen Ende des 13. Jahrhunderts, sei es durch das Zuschütten der Tiefs oder den Bau von Deichen. So wurde nach der **Sturmflut** vom November 1872 der gesamte Zingst von Pramort bis Freesenbruch im Abstand von 250 Metern von der Uferlinie eingepoldert. Von Zingst nach Prerow zog man einen **Außendeich**, beide Orte wurden durch Querdeiche gesichert. Ahrenshoop bekam zur Sicherheit einen Binnendeich am Bodden. Ende 1957 sicherte ein weiterer Deich den Vordarß längs der Küste von Ahrenshoop bis zu den Rehbergen am Weststrand.

Bis heute ist die Umgestaltung der Halbinsel nicht zum Abschluss gekommen, und man versucht mit aufwändigen und teuren Maßnahmen, den Abbau der Küste aufzuhalten. Das macht den Reiz der Landschaft aus – man kann hier verfolgen, wie die Kräfte der Natur wirken, die zugleich Altes zerstören und Neues schaffen. Und man sieht, wie sich die Menschen dazu stellen: Nicht nur ausbeutend, sondern auch erhaltend und aufbauend.

Der Nationalpark Vorpommersche Boddenlandschaft

Die einzigartige Boddenlandschaft zwischen Darß, Zingst, Hiddensee und Westrügen gilt als eine der wenigen noch erhaltenen naturbelassenen Großlandschaften Mitteleuropas. Der Nationalpark Vorpommersche Boddenlandschaft ist mit einer Fläche von 805 km^2 der größte deutsche Ostseenationalpark. Er dient dem Schutz und dem Erhalt dieser Landschaft mit ihren Dünen, Nehrungen, Küstenseen, Windwatten und Salzgrasinseln, ihrer typischen Tier- und Pflanzenwelt, den Steil- und Flachküsten, den naturnahen Waldbeständen und dem größten Kranichrastplatz Mitteleuropas. Besucher können das Schutzgebiet in weiten Teilen individuell oder auf geführten Wanderungen erleben.

Der Darß

Der Darß ist ein Juwel des Nationalparks. Das wildreiche Waldgebiet ist in zwei große Bereiche gegliedert: Der **Altdarß** ist der Rest eines Inselkerns, der nach der Entstehung der Ostsee aus dem Wasser ragte. Er ist heute meist mit Kiefern bewachsen, aber auch Rotbuchen sind in dem früher überwiegend mit Eichen bestandenen Wald nicht selten. Eine in der Nähe des **Großen Sterns** deutlich sichtbare Geländestufe, das **Alte Meeresufer**, markiert den Übergang zum etwas tiefer gelegenen **Neudarß**. Dieses erdgeschichtlich wesentlich jüngere Gebiet entstand durch Anlandung. In nördliche Richtung reihen sich **Reffe** (ehemalige Dünenzüge) und **Riegen** (sumpfige Senken) aneinander. Die höher gelegenen Reffe sind meist von Kiefern und Buchen bewachsen, in den Riegen dominieren Erlen und Birken. Während der **Darßer Ort** durch Anlandung jährlich um mehrere Meter in nördliche Richtung weiter wächst, ist am **Weststrand** ein Landrückgang zu erkennen.

➢ Schilder markieren die Grenzen des Nationalparks

Der Zingst

Die größte Waldfläche auf dem **Zingst** ist der urwüchsige Osterwald, charakterisiert durch Birkenbruchwälder und Stieleichen-Birkenwälder mit alten Kiefern, Buchen und einem Unterwuchs aus Stechpalme und Waldgeißblatt.
Ganz im Osten der Halbinsel Zingst befindet sich das größte unbewaldete Weißdünengebiet an der deutschen Ostseeküste, die **Hohe Düne** von Pramort, an die sich die **Werder-Inseln** anschließen. In deren Flachwasserbereichen rasten während der Zugzeit im Herbst mehrere Zehntausende **Kraniche**.

Boddengewässer

Die flachen, von der Ostsee abgeschnürten Gewässer nennt man **Bodden**. Hier leben über 40 verschiedene Fischarten, unter ihnen Aal, Barsch und Zander. Die breiten **Röhrichte** sind idealer Lebensraum für viele versteckt lebende Vögel, wie Rohrsänger und Rohrweihe. Auf den **Vogelinseln** brüten weitere seltene Arten, zu nennen sind der Rotschenkel, der Große Brachvogel und die Uferschnepfe.
Barhöft mit seinem seit langem nicht mehr aktivem Kliff auf der Festlandsseite gelegen, bietet Einblicke in die landschaftlichen Besonderheiten zwischen dem Ostzingst und dem Süden der Insel Hiddensee. Dazu gehört auch die Waldinsel **Bock** mit vorgelagertem **Windwatt.**

Insel Rügen

Die naturbelassene **Westküste** Rügens besitzt einen Ruhecharakter, der andernorts kaum noch zu finden ist. Von den insgesamt neun kleineren Inseln zwischen Rügen und Hiddensee gelten drei als bedeutende **Küstenvogelbrutgebiete**. Die meist bodenbrütenden Vögel haben auf diesen Inseln Schutz vor dem Zugriff von Nesträubern, z.B. Füchsen, wie auch vor den störenden Einflüssen des Menschen. So brüten allein auf der Insel Heuwiese fast 30 Vogelarten. Während des herbstlichen Vogelzuges sind Zehntausende Gänse und **Kraniche** auffällig. Sie äsen am Tage auf den abgeernteten Feldern und ruhen nachts auf abgelegenen Wie-

sen oder in stillen flachen Buchten. Bemerkenswert viele Reiher-, Pfeif- und Krickenten überwintern auf rügenschen Gewässern. Höckerschwäne und Hunderte nordische **Singschwäne** lassen manchen Boddenabschnitt weiß aufleuchten.
Das Bild der Boddenufer bestimmen große **Schilfröhrichte** mit eingestreuten Salzwiesen. Mit ihrem Insektenreichtum locken die unzugänglichen Röhrichte Rohrammern und Rohrsänger an. Wasserralle und Haubentaucher sind im Wasserröhricht zu Hause. Viele **Jungfische** wachsen in seinem Schutz auf.
Im Ergebnis winterlicher Überflutungen durch Boddenwasser und

sommerlicher Beweidung vor allem durch Rinder entstanden entlang der Boddenküste **Salzwiesen**. Sie stellen einen seltenen Lebensraum mit bestandsbedrohten Pflanzen wie Salzschuppenmiere und Queller dar. Darüber hinaus sind sie bevorzugte Brutreviere für **Watvögel**.
Der **Bug**, der größte **Sandhaken** der Insel Rügen, wurde lange militärisch genutzt. Die nach Süden wachsende Landzunge umfasst Moor- und Wasserflächen, Wald- und Grasdüne. Heute sind in die durch Menschenhand geschaffenen Waldkulturen zahlreiche Gehölze eingewandert.
Die Naturbesonderheiten Westrügens können auch auf geführten **Wanderungen,** z.B. auf Ummanz und auf dem Bug, erlebt werden. Verschiedene **Aussichtsplattformen,** z.B. in Tankow auf Ummanz oder in Streu bei Schaprode, laden zu Beobachtungen ein.

len, eine baumlose Heide- und Dünenlandschaft, ist als eine besondere Ruhezone ausgewiesen. Hier und auf den angrenzenden Wattflächen finden Zehntausende Vögel Nahrung.

Informationen:

- Nationalparkamt Vorpommersche Boddenlandschaft, Im Forst 5, 18375 Born, Tel. 038234/5020, Fax 50224; E-mail: nationalparkamt-born@t-online.de

➢ Oben: Durchziehende Graugänse

➢ Linke Seite: Strandnelke, Uferschnepfe

➢ Rechte Seite: Dünenrose, Sandregenpfeifer

Insel Hiddensee

Hiddensee ist die größte Insel im Nationalpark. Das Hochland des **Dornbusch**, ein eiszeitlicher Stauchmoränenkern, überragt mit seinem Leuchtturm die flache Landschaft im Süden und Osten. Starke Abtragungen am Dornbuschkliff verbunden mit einem Materialtransport in östliche Richtung haben dazu geführt, dass die beiden Sandhaken **Alter** und **Neuer Bessin** inzwischen weit ins Wasser hinausgewachsen sind.

Das Vogelbrut- und Vogelrastgebiet auf dem Neuen Bessin darf nicht betreten werden, auf dem Alten Bessin sind Wanderer willkommen. Zu einem besonderen Erlebnis wird eine Wanderung durch die **Dünenheide** zwischen Vitte und Neuendorf, die im Spätsommer ihre ganze Blütenpracht entfaltet. Die Südspitze der Insel, der **Gel-**

Der Mensch und das Meer

Die große Sturmflut von 1872

Die Chroniken der Dörfer an der Ostsee berichten in allen Jahrhunderten von verheerenden Sturmfluten und Orkanen. Sie gehören zum Leben der Menschen an der Küste wie die Jahreszeiten. Doch keine Sturmflut erreichte die Wucht und die Zerstörungskraft jenes Orkans, der am **12./13. November 1872** an der Ostsee wütete. In allen Chroniken und Annalen, in den Heimatbüchern und Erinnerungen der Bewohner von Schleswig-Holstein bis ans Ende der pommerschen Küste im heutigen Polen taucht diese Naturkatastrophe als unvergesslicher Einschnitt auf. Wie war es dazu gekommen?

In den Sommermonaten ist die Ostsee meist ein friedliches Meer, sodass man kaum glauben mag, die See könnte mit haushohen Wellen gegen Dünen und Deiche anrennen. An den Tagen vor der verheerenden Sturmflut hatte starker **Südwestwind** das Wasser in Richtung Finnland und östliche Ostsee gedrückt. Überall an der südlichen und westlichen Küste bot sich den Bewohnern ein sonderbares Bild: Es herrschte starkes Niedrigwasser, das Meer stand am Horizont, man musste weit laufen, um die Wasserlinie zu erreichen.

Am 10. November trat eine unheilvolle Windstille ein, die sprichwörtliche Ruhe vor dem Sturm. Nun strömte das im Bottnischen Meerbusen und im Osten aufgestaute Wasser zurück und traf ein bis zwei Tage später an der südlichen Ostseeküste ein. Hier wurden ungewöhnliche Höchststände gemeldet – Travemünde 3,32 m über Normalnull, Barhöft 2,92 m; in Barth waren es 2,83 m. Der Wind frischte auf und drehte allmählich auf **Nordost**. In der Nacht vom 12. zum 13. November steigerte sich der Sturm zum Orkan, mühelos peitschte er die Wellen über Dünen und Deiche. Auf einer Breite von mehreren Kilometern drangen die Wassermassen zum Bodden durch. Der Darß und der Zingst waren wieder zu Inseln geworden, wie gegen Ende des Mittelalters. Sogar in den Neudarß brachen die Wellen in breiter Front ein und entwurzelten Hunderte von Bäumen. Auf dem **Fischland** war die Lage kritisch, aber nicht katastrophal, schließlich besteht ein großer Teil der ehemaligen Insel aus einer Art »Höhenrücken«, der für die Wellen unerreichbar war. Wustrow allerdings hatte stark zu leiden, denn das Wasser brach an der Stelle der heutigen Seebrücke durch. In Althagen und Niehagen konnten sich die Bewohner zwar auf die höheren Gebiete retten, aber im alten Ortsteil Ahrenshoop war die Lage äußerst kritisch: Die See brach am alten Loop und weiter nördlich, auf Höhe der längst versandeten Wasserläufe, zum Bodden durch.

➢ Der Strand markiert die Grenze zwischen Meer und Festland

In **Prerow** brach am 13. November morgens um 4 Uhr der Deich, östlich der Hohen Düne brandeten die Wellen bis zum Bodden. Das Wasser drang fast in das ganze Dorf ein. Die Bewohner retteten sich auf die Dachböden und Dächer, die Kirche läutete die Sturmglocke. Zehn Prerower starben bei der Katastrophe, darunter sechs Kinder. Ein Dreimastschoner strandete auf den Dünen, drei Seeleute wurden vom Mast erschlagen. Zwischen den Häusern trieben tote Tiere, drei Schiffe wurden vom Hafen weit ins Dorf hinein geworfen. Einzigen Schutz boten die wenigen Steinhäuser, darunter die Apotheke Diesing, auch das Pfarrhaus in Kirchenort war sicher vor den Wassermassen.

In **Zingst** brachen die Wassermassen um 5.30 Uhr morgens von Norden in breiter Front ins Dorf hinein: »Es war des Wassers, des Schaumes und der Gischt so dicht und undurchdringlich, daß man aus dem Fenster nicht die nächsten Gegenstände sehen konnte«, erinnerte sich eine Zingsterin. Auf dem **Großen Kirr** ertranken alle fünf Bewohner eines Katens, Mann, Frau und die drei Kinder. In **Straminke** wehte der Sturm ein Dach von einem Haus, auf das sich fünf Menschen gerettet hatten. Es trieb über den Bodden nach Bresewitz, dann wieder nach Norden zum Freesenbruch, wo sich endlich alle glücklich retten konnten.

Die gewaltige Sturmflut hatte die ungesicherte Lage der Dörfer auf dem Darß und dem Zingst offenkundig gemacht. Fast alle **Dünen**, von Ahrenshoop bis zum Theerbrennersee am Weststrand, von Prerow bis Pramort (mit Ausnahme der Hohen Düne bei Prerow) waren fortgespült worden. Die preußische Regierung schritt unverzüglich ein. Bereits im September 1872 wurde die Prerow-Mündung durch einen **Seedeich** geschlossen, am Hafen ersetzte man die Brücke durch einen festen **Damm**, der den westlichen Prerowstrom zum Binnengewässer machte. Danach wurde die Mündung des (inzwischen versandeten) Prerowstroms verschlossen und ein großer Seedeich von Prerow nach Zingst gebaut. Der gesamte Zingst wurde auf der See- und der Boddenseite eingedeicht. Zusätzlich legte man **Querdeiche** an, Ahrenshoop wurde durch **Binnendeiche** gesichert, am Vordarß wurden **Dünen** angelegt. Hunderte Arbeiter aus weiten Teilen des Deutschen Reiches waren im Einsatz.

Als die Arbeiten **1874** vollendet waren, feierten die Prerower ein großes Fest und konnten wieder ruhig schlafen. Auch die Zingster, deren »Insel« wieder zur Halbinsel geworden war, konnten beruhigt sein. Mit den Dörfern ging es rasch wieder aufwärts, zumal die Region durch diese Katastrophe auf einen Schlag im Deutschen Reich bekannt geworden war. In den Folgejahren kamen viele **Besucher** an diesen einsamen Küstenstrich, um dort den ersten Urlaub ihres Lebens zu verbringen.

Seither hat es viele Sturmfluten an der Küste gegeben – zum Beispiel am 3./4. November **1995**. Damals wurden bei Dierhagen und Wustrow große Teile der Küste abgetragen, Dünen und Deiche beschädigt und der Strand fortgespült; auch auf dem Zingst brachen die Dünen durch. Der Sturm hat einmal mehr gezeigt, dass die Ostsee in den späten Herbstmonaten nicht immer ein friedliches Meer ist. Und doch hat es seither nie mehr einen Sturm mit der Stärke des Orkans vom 12./13. November 1872 gegeben. Für die Wasserbau-Ingenieure ist jene Katastrophe das Maß aller Dinge schlechthin: Jeder Deich an der Küste wird so gebaut, dass er einer solchen Sturmflut standhält – beruhigend, nicht wahr?

Wo de Ostseewellen trecken an den Strand …

Heimat, so die landläufige Meinung, ist der eigenen Scholle treu auf alle Zeit. Manchmal aber geht sie unaufhaltsam ihre eigenen Wege, hinaus in die Welt, und wird im Handumdrehen international. Dann ist sie austauschbar, und jeder kann sie benutzen wie einen Handschuh.

Nichts verdeutlicht dies besser als das Gedicht »Mine Heimat« der Zingster Heimatdichterin **Martha Müller-Grählert**. Neben den großen plattdeutschen Schriftstellern Fritz Reuter, John Brinckman und Klaus Groth hat man sie lange übersehen – zu Unrecht. Ihr Werk ist witzig und originell, respektlos und in keiner Weise volkstümelnd. Der Grund für ihren geringen Bekanntheitsgrad liegt vermutlich in ihrem nicht gerade leichten, fast abenteuerlichen Lebensweg.

Martha Müller-Grählert kam am 20. Dezember 1876 in **Barth** als uneheliche Tochter der Karoline Henriette Christine Daatz zur Welt. Der Vater blieb ungenannt, und so hieß das Mädchen zunächst Johanna Friederike Karoline Daatz. Das Kind sah selten sein Geburtshaus in der Bleicherstr. 185 h (heute Nr. 57), war es doch die meiste Zeit bei der Großmutter, einer Fuhrmannswitwe. 1879 heiratete die Mutter den Zingster Müllermeister Carl Friedrich Wilhelm Grählert und zog in das gerade aufblühende Seebad. Mit dem Familiennamen Grählert bekam das Mädchen - inoffiziell - den neuen Vornamen Martha. Die Zingster kannten das Mädchen nur unter diesem Namen, doch der tauchte auf keiner Urkunde auf. Ihre Jugend verbrachte »Martha« im Haus Lindenstraße 7. Im Jahre 1893 adoptierte Grählert seine nunmehr 18-jährige Stieftochter.

Als **Lehrerin** ausgebildet, ging Martha Grählert 1898 nach Berlin, wo sie in der Redaktion des »Deutschen Familienblattes« arbeitete und nebenher als Hauslehrerin tätig war. Wie es ihr in der großen Stadt erging, berichtete sie in dem humorvollen Gedicht »Mudder Möllersch Reise nach Berlin«. In **Berlin** lernte sie den vermögenden Pferdezüchter Dr. Max Müller kennen, den sie 1904 heiratete. 1911 ging sie mit ihrem Mann, der eine Professur für Landwirtschaft in Tonaku-Sapporo antrat, nach Japan. Man wählte die Zugreise durch Sibirien bis Wladiwostok.

Die **Japanreise** markierte einen Wendepunkt in Martha Müller-Grählerts Leben. Die Ehe scheiterte, zu verschieden waren die Charaktere. Um der Internierung im Ersten Weltkrieg zu entgehen, kehrten beide zurück nach Europa, auf getrennten Wegen. Drei Monate reiste Martha Müller-Grählert über China, Hawaii, die USA und Norwegen nach Berlin. Müllers Vermögen ging in der Inflationszeit verloren, mit Mühe und Not konnte sich Martha Müller-Grählert über Wasser halten. »Bin leddigen Trog kriegen sich de Swin dat gnagent« (vor einem leeren Trog beißen sich die Schweine), schrieb sie über die letzte, trostlose Zeit ihrer Ehe. 1924 kehrte sie nach Zingst zurück.

Zuerst wohnte Martha Müller-Grählert in der Störtebekerstraße, dann in einer winzigen Kate, ihrem **»Sünnenkringelhaus«**, an der Birkmaase. Es brannte im Juli 1945 aus. Ab und zu hielt sie Vorträge und las ihre Gedichte. In »Hest all weck?« beschrieb sie die liebe Not der Vermieter von Zingst mit ihren städtischen Badegästen. Nach ihrem scharfzüngigen Gedicht »Der letzte Walzer« über eine Zingster Familie musste sie sogar eine Gegendarstellung schreiben, die nicht weniger ironisch ausfiel. Und wegen ihrer respektlosen, frechen Art erhielt sie von einigen Zingster Familien Hausverbot.

Arm und mittellos, erblindete Martha Müller-Grählert mit den Jahren immer mehr. Trost war ihr nur der schwarze Kater in ihrem »Sünnenkringelhaus«. Am 19. November 1939 starb die plattdeutsche Heimatdichterin im Altersheim von Franzburg. Begraben wurde sie auf dem Zingster Friedhof, »dicht achter Deich un Dünen«, wie sie es gewünscht hatte.

Wo de Ostseewellen trecken an
den Strand,
Wo de geele Ginster bleuht in'n
Dünensand,
Wo de Möwen schriegen grell
in't Stormgebrus,
Da is mine Heimat, da bün ick
to Hus.

Well' und Wogenruschen wier
min Weigenlied,
Un de hogen Dünen seg'n min
Kinnertied,
Seg'n uck mine Sehnsucht un
min heit Begehr,
In de Welt tau fleigen öwer
Land un Meer.

Woll hett mi dat Leben dit
Verlangen stillt,
Hett mi allens geben, wat min
Hart erfüllt,
Allens is verswunden, wat mi
quäl un drew,
Heww nu Freden funden -
doch de Sehnsucht blew.

Sehnsucht nah dat lütte, stille
Inselland,
Wo de Wellen trecken an den
witten Strand,
Wo de Möwen schriegen grell
in't Stormgebrus -
Denn da is min Heimat,
da bün ick to Hus.

Was Zingst an ihr hatte, verstanden ihre Zeitgenossen erst viele Jahre später. Denn eines ihrer Werke, das Gedicht »Mine Heimat«, ist weltbekannt geworden. Bereits 1907, in ihrem ersten Gedichtband **»Schelmenstücke«**, ist es an erster Stelle abgedruckt. Es war wohl aus Heimweh entstanden, als der jungen Frau der unstandesgemäßen Tätigkeit als Journalistin wegen das elterliche Haus in Zingst verboten war. 1908 erschien der Text in den »Meggendorfer Blättern«, einer Wochenillustrierten.

Nun aber kommt das internationale Moment ins Spiel: Ein aus Flensburg stammender Glasergeselle, der sich in Zürich niedergelassen hatte, bat seinen Chordirigenten, den Text zu vertonen. Chorleiter **Simon Krannig**, ein Thüringer, musste das Gedicht erst einmal ins Hochdeutsche übersetzen lassen. Kaum hatte er aber den Text gelesen, soll er sich mit Feuereifer ans Komponieren gemacht haben. Eine halbe Stunde brauchte er, dann war die Melodie fertig. Der Glasergeselle verstarb, und ihm zu Ehren sangen die Chorfreunde an seinem Grab das Lied. Es war die Weltpremiere.

Die Karriere des Liedes war nun nicht mehr aufzuhalten. **1911** erschien es im »Plattdütsch Leederbook« des Allgemeinen Plattdeutschen Verbandes, allerdings mit einer anderen Melodie. Daraufhin hörte der Verleger **Friedrich Fischer-Friesenhausen**, Eigentümer des Friesenverlages in Soltau in der Lüneburger Heide, auf den nordfriesischen Inseln das Lied mit Begeisterung und ließ den Text dem Nordseeplatt angleichen. Dabei geschah eine bemerkenswerte Transformierung: Da Nordfriesen nun einmal an der Nordsee leben, wurden aus den »Ostseewellen« mit einem Handstreich **»Nordseewellen«**. Niemand fand etwas dabei. Der sehr geschäftstüchtige Verleger Fischer-Friesenhausen ließ das solcherart gewendete **»Friesenlied«** auf Ansichtskarten drucken, gab Notenausgaben heraus für Gesang, Klavier, Akkordeon und Orchester und meldete das Copyright an.

Der Komponist Simon Krannig fiel aus allen Wolken, als ihm von der Nordseeinsel Pellworm eine Ansichtskarte mit dem »Friesenlied« zugesandt wurde. Es war in Text und Melodie vollkommen identisch mit Müller-Grählerts und seiner Urversion, nur das Wörtchen »Ostsee« war, wie gesagt, durch »Nordsee« ersetzt worden. Es kam zu einer längeren Auseinandersetzung mit dem Verleger, schließlich einigte man sich.

Das Lied war nun in vieler Munde, doch der Durchbruch kam erst **1933** mit dem Kulturfilm **»Heimat am Meer«**, wo man es als »Nordseewellenlied« zum Schifferklavier sang. Unzählige Male wurde es im Rundfunk übertragen. Erst 1936 sprach die Reichsmusikkammer Martha Müller-Grählert und Simon Krannig die Urheberrechte zu. Einen finanziellen Gewinn hat die Autorin aber zu keiner Zeit gehabt.

Seither ging das Lied um die ganze Welt. Auf den nordfriesischen Inseln ging es so: »Hur de Nordseebrenning tönnert wili üp Strün ...« Es erschien in der alten helgoländischen Sprache, die Ostpreußen sangen »Wo des Haffes Wellen ziehen an den Strand, wo der Elch und Kranich aller Welt bekannt ...« Es war zu hören als Pausenzeichen im Norddeutschen Rundfunk und beim DDR-Rundfunk in Rostock. Man kannte und kennt es in zahlreichen Ländern Europas, Afrikas, Nord- und Südamerikas. Ein Hotelier aus dem Fassa-Tal in den Südtiroler Dolomiten übersetzte es in die ladinische Sprache, die von 40.000 Menschen gesprochen wird. Da es dort weder Nordsee noch Ostsee noch überhaupt irgendwelche Wellen gibt, griff der Gastwirt entschlossen zu dem, was die Natur vor Ort hergibt: »Lo ke-i pre d'ista le dut un fier ...« – Wo die Wiesen sind mit Blumen übersät ...
Heimat ist überall.

➢ Das Grab von Martha Müller-Grählert in Zingst

Fischländer Traditionen

Die Zeesenfischerei

Wer jemals an einem Sommertag auf dem Bodden die schnittigen Zeesenboote mit ihren rotbraunen Segeln gesehen hat, wird sie so schnell nicht vergessen. Wegen ihrer Schnelligkeit und Wendigkeit könnte man sie für moderne Boote halten, doch weit gefehlt – diese Fahrzeuge sind sehr alt.

Zeesenboote (plattdeutsch »Zeesboote«) sind **Arbeitsfahrzeuge**. Mit ihnen fuhren die Küstenfischer jahrhundertelang auf Fischfang und wandten dabei eine besondere Fangmethode an: Beim Fischen treiben die relativ breiten Zeesenboote quer vor dem Wind und ziehen die **Zeese**, das Schleppnetz, seitlich hinter sich her. Das sackförmige Netz hängt dabei vorn und achtern an »Bäumen«, sodass die Öffnung trotz der geringen Bootslänge weit genug ist. Um das Boot quer (»dwars«) vor wechselnden Winden driften zu lassen, nutzen die fünf Segel auch seitliche Winde aus.

Diese aufwändige **Betakelung** dient also nicht der Schnelligkeit an sich, sondern vor allem der Nutzung schwieriger Winde und mithin der Wendigkeit.

Durchschnittlich neun Knoten – knapp 17 km/h – können Zeesenboote fahren. Sie waren die schnellsten Boote auf den Boddengewässern und erzielten oft doppelt so hohe Erträge im Vergleich mit anders gebauten Fischerbooten. Ein Drittel des **Fangs** bekam der Vormann, ein Drittel der Fischer (Eigentümer), ein Drittel ging auf das Boot, das bei guter Pflege 50 bis 100 Jahre hielt. Die **Arbeit** war außergewöhnlich schwer: Bei Regen wurden die Baumwollsegel sehr schwer und unhandlich, beim Kreuzen musste das Schwert jedesmal auf die andere Seite des Boots gewuchtet werden. Wegen des geringen Freibords holten die halb offenen Boote leicht Wasser über, dann musste stundenlang gelenzt werden. Und während der Fangsaison musste man alle zwei Wochen die Netze teeren, sollten sie nicht morsch werden. Nur eines brauchten die Fischer nicht: Seekarten. Auf den flachen Boddengewässern konnten sie sich »blind« orientieren.

Die Heimat des Zeesenbootes sind die Bodden und Haffe von Mecklenburg und Pommern – also **Binnengewässer** und nicht das offene Meer, denn Zeesenboote sind halb offen und daher nicht seetüchtig. 1449 taucht der Begriff »Zesekahn« als Vorläufer des Zeesenbootes in einer Stralsunder Chronik auf. Erstmals aktenkundig werden »Zese« und »Zesekahn« in der **Stettiner Haffordnung** von 1541. Im 17. Jahrhundert finden sich Belege für »Zeise« und »Zeesen« in Wismarer und Barther Akten. Und um 1800 wird die bisher nur von Städten betriebene Zeesenfischerei auch in den pommerschen Fischerdörfern heimisch.

Das Zentrum der Zeesenkähne war das **Stettiner Haff**. Mit 22 m Länge und 7 m Breite waren die dort verwendeten Boote die größten an der südlichen Ostseeküste überhaupt. In Stralsund wurde dieser Bootstyp ebenfalls gebaut, doch war man dort anderen Einflüssen gegenüber offen. Man baute einmastige und kleinere Zeesenkähne, die zwar nur 13 m lang waren, aber vorn und achtern 3 bis 5 m lange Driftbäume hatten, die das Netz beim Driften weit offen hielten.

In der ersten Hälfte des 19. Jahrhunderts wandelte sich der Zeesenkahn zum Zeesenboot. Die Fahrzeuge wurden nochmals um ein Viertel verkürzt, den Klüverbaum vorn und den Langbaum achtern verlängerte man auf je 6 m, sodass die Zeese trotz geringerer Bootslänge ebenso weit geöffnet werden konnte wie zuvor.

Diese 8 bis 12 m langen Boote mit ihren eineinhalb Masten und fünf Segeln konnten jetzt von nur zwei Mann bedient und überall an der Küste gebaut und repariert werden. Damit war das Zeesenboot, wie wir es heute kennen, entwickelt. Die Boote waren einfacher, leichter, preiswerter und fanden deshalb rasch überall Verbreitung.

Die **Wandlung des Bootstyps** war nichts anderes als eine Anpassung an die Boddengewässer der Küste, in denen kleinere, wendigere Boote den längeren, schwereren überlegen waren. Das bekamen 1869 auch die schleswig-holsteinischen Fischer zu spüren, als Zeesenboote aus Stralsund die Aalgründe zwischen Fehmarn und Apenrade leerräumten. Man griff zum letzten Mittel, einem polizeilichen Verbot. Aufgrund der **hohen Fangerträge** wurden die Zeesenfischer aber auch in ihrer Heimat angefeindet. Stralsund, eines der traditionellen Zentren der Zeesenbootfischerei im 19. Jahrhundert, reduzierte 1880 die zugelassene Zeesenbootflotte von 110 auf 80 Fahrzeuge. Im letzten Drittel des 19. Jahrhunderts setzte ein **Exodus** pommerscher Fischer nach Dänemark ein, wo man der bisher unbekannten Fangmethode aufgeschlossener gegenüberstand. 1872 wanderten einige Zeesenfischer aus Vorpommern nach Dänemark aus, 54 Zeesenboote wurden in der Folgezeit nach Dänemark verkauft. Bis 1914 hat-

➢ Das war einmal: Fischer beim Einholen der Zeese

Braune Segel auf dem Bodden

Es gäbe heute vielleicht keine Zeesenboote, mit Ausnahme einiger Exemplare in Heimatmuseen, hätte es nicht die Tradition der **Zeesenbootregatten** gegeben. Auf Initiative des Bodstedters Eckhard Rammin wurde dieser Brauch im September 1965 neu belebt. Während sich an dieser ersten Regatta nur acht Boote beteiligten, konnten 1983 bereits 32 Teilnehmer gezählt werden, und Bodstedt sollte sich zu einem wahren »Wallfahrtsort der Zeesenboot-Anhänger« entwickeln.

Seit 1985 richtet auch Wustrow mit großem Erfolg eine eigene Zeesenbootregatta aus, nur wenige Jahre später folgten diesem Beispiel Dierhagen und Althagen. Heute zählen die Zeesenbootregatten im Sommer zu den wichtigsten Veranstaltungen rund um die Boddengewässer. Tausende Urlauber, Einheimische, Segel- und Fotofreunde pilgern in die kleinen Boddendörfer, wo nach bescheidenen Anfängen heute regelrechte Volksfeste für Jung und Alt gefeiert werden.

Die Regatten sind die beste Gelegenheit, um diesen Bootstyp genauer in Augenschein zu nehmen. Für den Laien sehen zunächst alle Boote gleich aus. Aber die **Unterschiede** beginnen schon bei der Farbigkeit der Segel, die von Rotbraun ins Dunkelbraun spielen kann. Die Farbe stammt von Fetten und Holzteer, womit die Segel getränkt und haltbar gemacht wurden.

Die Takelage hat sich die Jahrhunderte hindurch kaum verändert und kennt nur zwei Typen: Eineinhalbmaster sind ketschgetakelt, Einmastboote slupgetakelt. Der Steven (Bug) kann gerade oder konvex sein, auch Klippersteven kommen vor; das Heck ist spitz oder rundgatt. Der Rumpf kann sehr unterschiedlich beplankt sein: Bei der Klinkerbauweise stoßen die Planken glatt aneinander, bei kra-

weel-beplankten Booten überlappen sich die Planken und sind längs vernagelt. Die allergrößten Unterschiede zeigt der Decksbereich: Da gibt es ganz nach Geschmack Kajüteneinbauten und Sitzgelegenheiten für mitfahrende Gäste, Vorratskästen, Aufbauten und vieles mehr.

Man darf sagen, dass die Existenz des Bootstyps »Zeesenboot« gesichert ist. Gerade in den 80er-Jahren wurden viele alte Bootsrümpfe aufgespürt, repariert, instand gesetzt, es fanden sich alte Bootswerften, die Zeesenboote nach alten Plänen nachbauten. Der Bestand der Boote hat sich seither verdoppelt, rund 90 registrierte Zeesenboote gibt es heute – von der »Old Lady«, 1876 in Stralsund gebaut und somit das älteste erhaltene Boot, bis zur 1996 ebenfalls in Stralsund gebauten »Sophia Theresa«, einem Nachbau. Und sie wird gewiss nicht das letzte Zeesenboot sein, das an der Ostseeküste gebaut worden ist.

➢ Maritimes Spektakel auf dem Bodden: die Zeesenbootregatten

➢ Volksfeststimmung bei der Zeesenbootregatta in Bodstedt

ten rund 50 Fischer die Heimat verlassen. Die Stimmung war gegen die erfolgreichen »Zeeser«. Gegen Ende des 19. Jahrhunderts wurde sogar der (unbegründete) Vorwurf laut, die Zeesenfischerei sei schädlich und zerstöre die Fischgründe.

So raffiniert und ausgeklügelt dieser Bootstyp auch war, die **moderne Technik** machte nicht vor ihm halt. Aus Amerika kam das Mittelschwert, das das seitliche Schwert ersetzte. Ab 1927 wurden Hilfsmotoren eingebaut, sodass der Fischkasten zur Mitte versetzt werden musste, hinter den Schwertkasten oder zu den beiden Seiten. Die Takelung aber blieb unverändert, sie war ausgereift.

Das Ende der Zeesenfischerei war unabwendbar, und doch gab es **nach 1945** noch einmal einen Aufschwung. Rund 50 Zeesenboote waren in den ersten Jahren der DDR im Einsatz, und in Pruchten bei Barth, in Ribnitz, in Lauterbach auf Rügen und zuletzt 1958 in Kirchdorf auf der Insel Poel wurden sogar neue Boote gebaut. Noch in den 70er-Jahren fuhren »Zeesener« aus Pruchten und Bodstedt.

1977 stellte man die Zeesenbootfischerei in Wismar offiziell ein, doch bereits drei Jahre später beantragten zwei Fischer die Erlaubnis für das Betreiben einer Treibzeese auf den Boddengewässern. 1982 erwarb Andreas Schönthier aus Wustrow das Boot von Karl-Heinz Kafka, dem letzten Zeesenfischer vom Darß.

Insofern grenzt es an ein Wunder, dass ein paar Dutzend Boote den Niedergang der Zeesenfischerei überdauert haben. Von den Küsten des Stettiner Haffs, des Jasmunder

Boddens und der Wismarer Bucht sind sie heute fast völlig verschwunden. Nur in den Boddengewässern der Halbinsel Fischland-Darß-Zingst haben sie sich halten können - sei es, weil sich dort Liebhaber gefunden haben, der Tourismus eine einflussreiche Rolle spielt oder weil einige dickköpfige Fischer mit der ortsüblichen Beharrlichkeit ihre Boote nicht aufgeben wollten.

Vom Tonnenabschlagen

Im Hochsommer, wenn die wichtigsten Erntearbeiten hinter ihnen liegen, rüsten sich die Männer und Frauen von Prerow und Wustrow, von Alt- und Niehagen, von Zingst und Barth zum **Tonnenfest**. Besonders an der südlichen Boddenküste bis weit ins Landesinnere haben die Bauern den seit dem 18. Jahrhundert überlieferten Brauch des Tonnenabschlagens rege ausgeübt.

Im Kern geht es darum, dass eine Schar festlich geschmückter **Reiter** einer nach dem anderen im Galopp eine an Seilen befestigte hölzerne Tonne mit Knüppeln entzwei schlägt. Es gibt Varianten: In manchen Dörfern machte man das zu Fuß, die Barther nahmen das Fahrrad. Das fragliche Fass ist sehr stabil gebaut, sodass sich die kräftezehrende Prozedur über Stunden hinzieht. Und das bei hochsommerlicher Hitze!

Über die **historischen Wurzeln** und den tieferen Sinn des Tonnenabschlagens zerbrechen sich die Heimatforscher bis heute die Köpfe. Da wird auf die Schweden verwiesen, die von den Pommern Heringe in Fässern als Kontribution einkassiert haben. Und als die ungeliebten Herren endlich fort gewesen, habe man aus lauter Freude die Fässer entzwei geschlagen - und das bis heute so gehalten, was von einer gewissen Standhaftigkeit der ländlichen Bevölkerung zeugt. Andere fanden heraus, dass der Brauch, Katzen als Symbol des Bösen in Fässer zu stecken und dieselben dann zu zerschlagen, in Skandinavien weit verbreitet gewesen sei. Dritte führen an, dass die von den Ritterturnieren der Adligen ausgeschlossenen Bauern eben ihre eigenen Reiterfeste abgehalten hätten. Theorien gibt es viele, nur weniges kann als wahr und gesichert gelten.

➢ Reiter beim Tonnenabschlagen

Also präsentieren wir hier erstmals die einzig richtige Erklärung. Die Forscher, das muss einmal gesagt werden, haben mal wieder vor lauter Bäumen den Wald nicht gesehen ... Aber nun der Reihe nach.
An einem Sonnabend im Juni oder Juli richten die »**Tonnenbrüder**« eines Dorfes den Festplatz aus. Sie stecken die Reitbahn ab, errichten zwei Masten und befestigen einen Bogen darauf, in dessen Mitte sie die Eichenlaubkrone aufhängen. Dieses Gerüst schmücken sie mit Girlanden. Auch die Taue für die Tonne werden angebracht. Die hölzerne **Tonne** selbst, in wochenlanger Arbeit gebaut, erhält unterhalb des Deckels ein stabiles Holzkreuz, durch das das Haltetau geführt wird. Alles an diesem Fass ist stabil gefertigt, damit es nicht gleich beim ersten Schlag entzweigeht. Zum Schluss wird die Tonne mit Laub und Papierbändern festlich geschmückt.
Der nächste Tag beginnt mit einem Gang durchs Dorf, und zwar gemächlich zu Fuß. Die Tonnenbrüder besuchen den einen, der gerade Geburtstag hatte, sehen beim anderen vorbei, der seine Scheune neu gedeckt hat. Da lässt sich keiner lumpen, da wird ein Frühstück gereicht und das erste Bier des Tages ausgeschenkt. Aber man hält sich zurück, belässt es bei ein, zwei Gläsern, denn der Tag ist noch lang. Dann geht es weiter zum »**Tonnenkönig**«. Der Sieger des letztjährigen Tonnenreitens tritt in vollem Ornat auf, mit einer »Königsschärpe«, auf der alle Tonnenkönige seit den frühen 50er-Jahren mit einem eigenen Orden repräsentiert sind. Seine Majestät zeigt sich von ihrer besten Seite und lädt die Tonnenbrüder in die nächste Gaststätte zum »**Königsessen**« ein, wo meistens ein deftiger Gulasch auf den Tisch kommt. Der macht Durst auf ein kühles Bier, aber man hält sich zurück, belässt es bei zwei, drei Gläsern, denn der Tag ist noch lang.
Am Nachmittag naht das große Ereignis. Die ausgewählte Schar der Reiter sammelt sich zum »**Anreiten**« in der Dorfmitte. Man trägt dunkle Reithosen, Stiefel, weißes Hemd, schwarze Krawatte und eine Schiffermütze mit weißem Bezug, auf der Brust prangen Orden und Auszeichnungen. Auch die Pferde sind geschmückt, tragen verzierte Satteldecken, im Zaumzeug stecken Blumengirlanden.
Sind alle Reiter versammelt, zieht der »**Musikwagen**« voran zum Tonnenplatz. Die Musiker führen das Streitobjekt des Tages mit sich, die geschmückte Tonne. Es folgt der Vorreiter, dahinter gehen die Fahnenträger und ihre Fahnenbegleiter, dann reitet der Tonnenkönig, die Schar der Reiter im Gefolge. Man wählt nun keineswegs den kürzesten Weg durch das Dorf, sondern macht einen Abstecher zu einer Gaststätte in der Nähe des Festplatzes, sitzt ab und nimmt einen kleinen Umtrunk. Man hält sich jedoch zurück, obwohl die Hitze groß ist, nimmt nur das eine oder andere Bier, denn der Tag ist noch lang.
So kurz vor dem Festplatz ändert sich die Reihenfolge des Zuges. Der **Vorreiter** führt nun die Tonnen-

➢ Das Tonnenabschlagen zählt zu den traditionellen Reitsportveranstaltungen in der Region

träger an, die die geschmückte Tonne an einer Stange auf den Festplatz tragen. Unter der Musik der Kapelle wird nun die Tonne feierlich hochgezogen und festgezurrt. Der Vorreiter überprüft die Höhe und kontrolliert die Taue. Der Bürgermeister wünscht »Gut Schlag!«, dann geht es los.

Nacheinander jagen die Reiter im Galopp heran und hauen, dreschen, schlagen mit ihren Holzknüppeln auf die Tonne ein. Die Tonnenbrüder machen am Bahnende halt, sodass aus wechselnden Richtungen geritten wird. Als Erstes fliegen die zerfetzten Girlanden von der Tonne herab, dann splittert Holz, ein Teil des Bodens fällt hinunter. Und irgendwann schlägt einer der Reiter dem Fass den ganzen Boden aus!

Der **»Bodenkönig«** ist erster Sieger des Tages. Ein kleiner Sieg nur, aber immerhin. Der Mann bekommt sein Geschenk sofort, stehenden Fußes. Die Sonne steht noch immer hoch, der Tag ist heiß, und natürlich muss der Sieg gefeiert werden. So trinkt jeder der Reiter gern s ein »Zielwasser«. Gewiss, man hält sich zurück, der Höhepunkt des Tages steht ja noch bevor, aber wer will den tüchtigen Reitern ihre zwei, drei Bier versagen?

Ein Fass hat nicht nur einen unteren Boden, sondern auch Dauben, so genannte **»Stäben«**. Und die wollen in der Hitze des Sommertages abgeschlagen werden. So gehen denn die Reiter an ihr Werk. Wieder schlagen sie im vollen Galopp auf die Tonne ein, dass die Dauben nach allen Seiten fliegen. Aber es kommt auf die allerletzte Daube an, und sei es nur das Stück einer Daube. Nur wer den letzten Rest abschlägt, ist der neue **»Stäbenkönig«**. Der Mann der Stunde bekommt als Anerkennung feierlich ein Geschenk überreicht. Dann geht es weiter im Programm. Alle sind durstig, die Pferde brauchen ein wenig Ruhe, so ergibt es sich wie von selbst, dass die Reiter ein paar Biere zu sich nehmen. In Maßen, versteht sich, schließlich beginnt die eigentliche Hauptsache ja erst. Von Zielwasser spricht nun keiner mehr, eher von Fügung. Möge die schlagende Hand den Oberboden sicher treffen.

Es geht ans Hauptwerk. Noch hängt der Oberboden ungeschlagen an den Seilen. Schwer steigen die Männer auf ihre Rosse und machen sich an die »saure Arbeit«, wie ein Heimatforscher aus sicherer Kenntnis die Szene beschrieben hat. Der Oberboden zersplittert zwar nach kurzer Zeit, aber das derbe Holzkeuz will nicht nachgeben. Als hätte das Kreuz irgendwann ein Einsehen, zerspringt es unter einem herzhaften Schlag und fällt von den Seilen.

Der Glückliche ist der neue **Tonnenkönig**, der eigentliche Sieger des Tages. Er bekommt sein **Königsgeschenk**, die Kapelle spielt einen Tusch, die Reiter lassen ihren Ersten und Besten hochleben. Dann kommt das Feierlichste: Die **Königsschärpe** wird dem Sieger übergeben. Der neue König wird sie zum Tonnenball am Abend tragen.

Der erste Höhepunkt des Tages ist vorbei. Die Pferde bekommen zu saufen, und die schwitzenden Reiter sammeln sich in einer **Gaststätte**. Wer bei der Vorstellung unfreiwillig im Sand landete, bekommt hier sein Fett weg. Die Schlaghände schmerzen, aber das Bierglas können sie noch halten. War es das siebte oder das achte Bier des Tages? Was für eine Frage, hier zählt niemand mehr. Das Fest des Tages ist aus und vorbei, dies hier ist das erste Bier des frühen Abends. Oder das Zweite. Eine neue Zeitrechnung ist angebrochen.

Es geht auf den Abend zu, und das heißt: Der große **Tonnenball** wird gefeiert. Wer als Besucher oder Urlauber in solch eine Feier gerät, kann nur aufgeben oder mitmachen – und lernt Mecklenburg und Pommern zusammen kennen. Die Trinksitten sind hart, wohl dem, der da mithalten kann. Und unser Heimatforscher sitzt mittendrin und denkt nach, was es mit dem Tonnenfest, den Schweden, Katzen und Heringen nun auf sich hat. Er sieht, wie schwerblütige Mecklenburger in Fahrt kommen und sich mit derben Pommern verbrüdern. Ach was, was sollen da Katzen und Heringe und all die Schweden, die Leute wollten mit dem Tonnenabschlagen nur einen guten Grund haben, mal kräftig über die Stränge zu schlagen!

Übrigens gibt es am Montag, dem Tag drauf, das so genannte »Resteessen«. Der Name ist aus früheren Zeiten überliefert, wird aber beibehalten. Es ist das Fest der Frauen all der wackeren Tonnenreiter, die an diesem Tag ihren Kopf nicht fassen können. Kenner sagen, dieser Montag sei das Beste vom Fest überhaupt.

Feste und Feiern

Barth
Kinderfest (Juni)
Schützenfest (Juli)
Tonnenabschlagen (Juli)
Segel- und Hafentage (4. Juli-Wochenende bis 1. August-Wochenende)
Flugschau (August)
Vineta-Festtage (2. August-Hälfte)

Bodstedt
Zeesenbootregatta (1. September-Wochenende)

Born
Kinderfest (2. Juni-Wochenende)
Reitturniere und Ausscheide (Juni)
Tonnenabschlagen (1. August-Wochenende)

Ostseebad Ahrenshoop
Kinderfest (1. Samstag im Juni)
Jazzfest (3. Juni-Wochenende)
Tonnenfest (3. Juli-Wochenende)
Ahrenshooper Grafikauktion (August)
Althäger Fischerregatta (3. September-Wochenende)

Ostseebad Dierhagen
Surftage (Ende April/Anfang Mai und Anfang Oktober in Neuhaus)
Hafenfest (Juli)
Tonnenabschlagen (2. August-Samstag)

Ostseebad Prerow
Anbaden (1. Januar)
Seebrückenfest (Samstag nach Himmelfahrt)
Töpfer- und Kunsthandwerkermarkt (Pfingsten)
Kinderfest (Anfang Juni)
Mittsommernachtsfest (Juni)
Tonnenabschlagen (4. Juli-Wochenende)
Beachwoche (Juli/August)
Hafenfest (3. August-Wochenende)
Museumsfest (4. August-Wochenende)
Schützenfest (1. September-Wochenende)

Ostseebad Wustrow

Sommersonnenwendfest (Ende Juni)
Zeesenbootregatta (1. Samstag im Juli)
Tonnenabschlagen (2. Sonntag im Juli)
Hafenfest (Ende Juli)
Seebrückenfest (letzter Sonntag im August)

Ostseebad Zingst

Fischerfest (April)
Anbaden (1. Mai)
Regatta und Hafentage (Mai)
Kinderfest (Juni)
Hafenfest (Juli)
Reit- und Springturnier (Juli)
Kunstmagistrale (August)
Shantychor-Treffen (September)
Kranichwoche (Oktober)
Weihnachtstauchen (Dezember)

Ribnitz-Damgarten

Regatta (Frühjahr/Herbst)
Kinderfest (Anfang Juni)
Klosterfest (Pfingsten)
Große Radtour rund um den Bodden (letzter Juni-Samstag)
Vogelschützenfest (1. Juli-Wochenende)
Internationales Folklore-Festival (Juli)
Fischerfest am Hafen (3. August-Wochenende)
Kunstauktion in der Galerie des Kunstvereins (November)

Wieck

Tonnenabschlagen (Juni)
Kinderfest (Anfang Juli)
Nationalparktag (September)

➢ Es gibt viele Möglichkeiten, das Land zwischen Meer und Bodden zu erkunden: zum Beispiel bei einem Ausflug mit dem Schiff

RUNDFAHRTEN
Zingst

Rundreise

Das Vorland

Auch wenn viele meinen, in Dierhagen beginne bereits das Fischland, so sind die historischen Tatsachen doch eindeutig. Das Gebiet nordöstlich der Rostocker Heide ist nichts anderes als eine Landbrücke zum Fischland und heißt **»Vorland«** oder einfach **»Nehrung«**. Das Fischland beginnt erst beim Permin vor Wustrow, der die ehemalige Durchfahrt bezeichnet, den südlichen Mündungsarm der Recknitz.
Die Verbindung zum Fischland entstand durch das Prinzip von Abtragung und Anlandung, also durch Meeresströmungen, die irgendwo Land abtrugen und das Material an Inselkernen und vorspringenden Uferstellen ablagerten. Auf diese Weise rückte das Festland immer näher an das Fischland heran, doch verhinderte die Strömung der Recknitz die vollständige Schließung des Permins. Was die Natur nicht schaffte, erreichte die Stadt Rostock 1395, die dort einige alte Schiffe versenkte. Der Permin versandete daraufhin, und das Fischland war keine Insel mehr.

Ostseebad Dierhagen

Für viele Urlauber, die die Halbinsel Fischland-Darß-Zingst besuchen, ist das Ostseebad Dierhagen die erste flüchtige Bekanntschaft mit den Seebädern. Doch viel bekommen die Touristen, die nach Ahrenshoop, Prerow oder Zingst wollen, von Dierhagen meistens nicht mit, denn die Landstraße führt mitten durch das weitläufige Seebad hindurch, ohne einen Ortsteil zu berühren. Dabei hat das ehemalige Seefahrer- und Fischerdorf am Saaler Bodden einiges zu bieten.
Das Ostseebad Dierhagen hat **fünf Ortsteile**, die weit verstreut zwischen Ostsee und Bodden liegen: die alten Ortsteile Dierhagen-Dorf, Dändorf an der Boddenseite, Dierhagen-Ost, Dierhagen-Strand und Neuhaus an der Ostsee, die – mit Ausnahme von Neuhaus – Gründungen des 20. Jahrhunderts sind. Obwohl früher jeder in der Gegend wusste, wo das Fischland beginnt, nannte man die Dörfer des »Swante Wustrowe« zusammen mit Dierhagen und Dändorf **»Seedörfer«**. Und das, obwohl keine einzige dieser Siedlungen an der Ostsee lag. Der Grund dafür waren die gemeinsamen Interessen aller Dörfer an der Seefahrt, was wiederum die Hansestädte, allen voran Rostock, verhindern wollten.

Aus der Ortsgeschichte

Dierhagen wurde 1311 als »Deerhagen« bzw. »Thierhagen« erstmals urkundlich erwähnt und bestand aus zwei Dörfern, einem fürstlichem Hof und einem Gestüt. Bis kurz vor dem Dreißigjährigen Krieg hat man hier Tiere gezüchtet. 1327 wurden die Dierhäger dem St. Klaren-Kloster in Ribnitz zugeschla-

Auf dem Fischland

»Es war wie ein Traum der Müdigkeit, als wir an den Anfang dieses Landes kamen. Das Land ging auf in silbernen Flächen und schien die feste Richtung zu verlieren. So auch, wie der feste Zusammenhang wegging, vermehrte sich zuerst noch leichtspielend hinter Bäumen das Wasser, und dann aber geriet das Auge in seine von ferne her blitzenden Bahnen. Was da weithin mit Duft und vogelgleich schwebender Ruhe den Umkreis des Landes in sich sog und ränderte, was seine Wellen noch gegen Buschwerk und Baumwuchs hertreiben ließ und mit seinem Wasser an kleinen Ackerbeeten anleckte, das war aber nicht das Meer, sondern der Bodden. Erst auf jener anderen, linken Seite kam die große See, wo die Bäume zurückgewichen waren, wo man auf die Dünen hinaufsprang und im Sande zurückrutschend sich an dem langen und harten Grase hielt, das in Büscheln scheinbar nicht wuchs, sondern bloß in den trockenen Böschungen vorhanden war.«

Konrad Weiß: Deutschlands Morgenspiegel. Ein Reisebuch in zwei Teilen. München 1950; zit. nach Horst Kutzer (Hg.): Das ist die Ostsee. Literarische Eindrücke von Flensburg bis Usedom. Rendsburg 1998, S. 70.

gen. Nach dem Dreißigjährigen Krieg bildeten sie, um der Not zu entgehen, einen Pachtverband bzw. eine Genossenschaft, die 180 Jahre bestand und den Adel gar nicht erst auf den Gedanken kommen ließ, die Bauern in die Leibeigenschaft zu pressen.

Die alten Dörfer am Bodden sind eine Welt für sich, da gehen die Uhren immer noch anders. Ordentlich reiht sich hier Haus an Haus, was nicht immer der Fall war: Im August 1853 zerstörte ein Brand innerhalb weniger Stunden die Hälfte aller Katen, die kreuz und quer gestanden haben sollen. Danach bauten die Dierhäger ihre Häuser längs der Kirchstraße wieder auf. Fast unbeschadet hat das **»Schipperhus«** in der Strandstraße 33 das große Feuer überstanden, und auch die 1850 errichtete Kirche ist noch erhalten.

Die Dierhäger waren vor allem **Fischer**, die sich auch auf die Ostsee wagten. Mit den Ribnitzern hatten die Dierhäger oft Streit um die Fischgründe auf dem Bodden, noch im Jahre 1819 hat man sich geprügelt. Um die Einkünfte zu steigern, räucherten sie ihre Fische selbst und verkauften sie auf den Märkten der umliegenden Städte. Unvergessen ist der Fischer Lehmus, der an Markttagen mit seinem Hundekarren nach Ribnitz zog.

Recht spät fanden die Dierhäger zur **Seefahrt**: 1795 lagen im Hafen von Dierhagen acht Schiffe, in Dändorf waren es nur vier. 1834 lebten im Dorf 5 Steuerleute, 45 Matrosen, aber nur 7 Schiffer. Die meisten von ihnen fuhren auf Fischländer Schiffen. Noch heute verrät die Ortslage fern der Ostsee den Respekt der Bewohner vor dem Meer. Kaum einer von ihnen hat wohl je in der Ostsee gebadet. Das Wasser war ihnen unheimlich, und schwimmen konnten sie nur selten. Und keiner von ihnen wäre je auf den Gedanken gekommen, sein Haus am Strand unmittelbar hinter niedrigen Vordünen zu bauen.

Auf Erkundungstour durch Dierhagen

Wenige Kilometer vor Dierhagen entfaltet sich eine eigenartige Landschaft: viele Birken, ein wenig Schilf, jede Menge Erlen. Hier sieht es moorig-sumpfig aus und tatsächlich, rechts liegt das Naturschutzgebiet **Dierhäger Moor**, das man nicht betreten darf. In Neuhaus, Ortsteil von Dierhagen, beginnt links eine Birkenallee, an der nach kurzer Strecke ein großer Parkplatz erreicht ist. Dort liegt das **Große Ribnitzer Moor**, das sich in Richtung Graal-Müritz erstreckt und ebenfalls unter Naturschutz steht. Dieses Moorgebiet darf man allerdings auf ausgewiesenen Wanderwegen begehen.

In **Neuhaus** gab es im 16. Jahrhundert einen Schäferhof »dat niege Hus«, der später Niehusen genannt wurde. Am »Hotel An de See« vorbei kommt man leicht zum Strand hinunter. Ein stiller Platz ist dieses Neuhaus. Man sagt, dass die Dörfer dieses Landstrichs bis hinauf nach Ahrenshoop einmal eine der abgelegensten Gegenden Mecklenburgs gewesen sind.

Zurück an der Landstraße geht es weiter in Richtung **Zentrum** des Ostseebades. Zu beiden Seiten Wald, rechts schimmert es wieder moorig durch die Bäume. Die nächste Straße links führt zum »Hotel Fischland«, wo sich im Jahre 1905 ein Unternehmer als Hotelier versuchte und scheiterte. Touristisch gesehen, war die Zeit eben noch nicht reif für Neuhaus.

In dieser Gegend erstreckt sich ein alter **Dünenzug**, dessen höchste Erhebung mit 13 Metern »de witte Barg« ist. Heimatkundler meinen, dass diese Dünen auf ein Seegatt, einen alten Mündungsarm der Recknitz hinweisen. Auf einer benachbarten Düne steht noch ein so genannter **»Friedrich-Franz-Stein«**, der 1898 oder 1899, unter Großherzog Friedrich Franz, zur

trigonometrischen Landvermessung verwendet wurde und das Kürzel »F. F.« trägt. Von diesen Effeff-Steinen gibt es im Lande nur noch ganz wenige.
Wieder auf der Straße erreicht man nach wenigen hundert Metern das **Haus des Gastes** mit der Kurverwaltung und der Zimmervermittlung. Das repräsentative Hotel Parkresidenz, das sich rechts anschließt, war einmal das FDGB-Heim »Ernst Moritz Arndt«, das 1957 errichtet wurde. Rundherum breite Straßen, Birkenreihen ohne Ende, gegenüber der Kurpark, der Badesteig mit der uralten Allee – so mancher entschließt sich hier zu einem Spaziergang.

➢ In den flachen Boddengewässern wird von einigen Häfen aus noch gefischt

Letzter Ortsteil ist **Dierhagen-Ost**. Man erreicht die Siedlung vom Haus des Gastes in Verlängerung der Straße Am Hain auf dem Fischländer Weg, der parallel zum Landesschutzdeich verläuft. Der 1928 auf »baum- und strauchlosem Grund« errichtete Ortsteil hieß einmal »Seebad Ribnitz« und zeugt von dem jahrhundertealten Traum der kleinen Boddenstadt vom Meer. **Ribnitz** durfte nie Seestadt mit einem richtigen Hafen sein, nun sollte es wenigstens ein kleines Ostseebad haben! Ohne Erfolg. 1959 wurde das Seebad Ribnitz zu »Dierhagen-Ost« gemacht. In Dierhagen-Ost geht man erst einmal über den Landesschutzdeich, schreitet nun wie durch eine Niederung zur **Düne**. In dieser wannenartigen Senke, man sieht es mit Verwunderung, gibt es zu beiden Seiten eine historisch gewachsene Struktur von jahrzehntelang verschönerten Wochenendhäuschen und liebevoll ausgebauten Hütten. Alles sieht sehr nach Heimat aus, doch kann die Düne das alles schützen? Nach der großen Sturmflut vom November 1995 war die Düne jedenfalls ziemlich angeschlagen. Seither wollen die Behörden die Bewohner »An der Düne« zum Aufgeben bewegen: »Die Häuser stehen falsch«, heißt es lapidar. »Niemals!« knurren die Bewohner – und rufen die Presse. Und hoffen, dass die Düne dem nächsten Sturm standhält.
Nun zum **Strand**. Das Reizvolle an diesem hier ist das weite Rund der Küste. Am Strand reiben sich die Wellen an Dutzenden von Buh-

Das »Golddorf« Dändorf

So unscheinbar die **Häfen** heute sind, sie waren einmal die Lebensader der beiden Dörfer. Die Dierhäger waren dabei den Dändorfern oft unterlegen, die als Erste erkannten, dass Zwischenhandel viel Geld einbringen kann. Im 18. Jahrhundert transportierten sie **Salz**, das mit Prahmen auf der Recknitz von Sülze nach Dändorf kam und mit Pferdewagen zum »Soaltlock« am Ostseestrand geschafft wurde, wo Schiffe aus Wismar die wertvolle Fracht übernahmen. Das brachte viel Geld ins »Golddorf« Dändorf. Noch heute zeugt das alte Straßenpflaster am »See-End« am Dändorfer Hafen von der Zeit des Salzhandels.

In puncto **Seefahrt** hatten die Dändorfer, wie gesagt, die Nase vorn. Sie hatten mehr Schiffe auf See, es wohnten mehr Schiffer und Steuerleute im Dorf – in den 30er-Jahren des 19. Jahrhunderts wurden 17 Schiffer, 13 Steuerleute und 19 Matrosen gezählt. In der Hochzeit der Seefahrt hatten Dierhagen und Dändorf zusammen 71 Segelschiffe.

nenreihen. Die Pfähle wurden eingerammt, damit die Strömung nicht allzu viel Sand vom Strand wegträgt, in Richtung Darßer Ort. Rechter Hand lockt das Ostseebad Wustrow, von dem das Leuchtfeuer »Nebelstation«, Windkraftrad, Kirche, Seebrücke und das »Hohe Ufer« zu sehen sind. Voraus liegt die dänische Insel Falster, mit viel Glück kann man sie sogar sehen. Links erstreckt sich dunkel das Große Ribnitzer Moor, und auch die Seebrücke von Graal-Müritz ist in westlicher Richtung auszumachen.

➢ Rechte Seite:
Typische Pflanzen der Hochmoore sind der Fleisch fressende Sonnentau (oben) und das Scheidige Wollgras (unten)

Das Große Ribnitzer Moor

Südwestlich von Neuhaus erstreckt sich das Große Ribnitzer Moor, ein teilweise bewaldetes Küstenhochmoor, das landschaftlich zur Rostocker Heide gehört. Man kann es zu Fuß oder mit dem Rad umrunden oder auf einigen **Wanderwegen** durchqueren. Wer möglichst viel über dieses interessante Naturschutzgebiet erfahren will, nehme an einer geführten Wanderung teil, über die im Haus des Gastes in Dierhagen Näheres zu erfahren ist. Das von Kiefern- und Eichenwäldern umgebene Ribnitzer Große Moor ist ein so genanntes **Regenmoor**, dessen Wasserzufuhr ausschließlich durch Niederschläge gedeckt wird, die hier, in einer ehemaligen Senke eines Mündungsarms der Recknitz, nicht abfließen konnten. Im Laufe der Jahrtausende wuchs ein Küstenhochmoor auf, das seit dem letzten Jahrhundert **intensiv abgetorft** wurde. Dazu musste das Moorgebiet durch Gräben in den Ribnitzer See und in die Ostsee entwässert werden. Das Wachstum des Regenmoores kam dadurch fast völlig zum Stillstand. Als Folge breitete sich Waldwuchs aus (das Moor ist heute zu zwei Dritteln bewaldet), der Torf zersetzte sich bis hin zur Mineralisierung, wobei Kohlendioxid und Stickstoffverbindungen entstanden. Erst 1953 wurde die Torfgewinnung eingestellt. Die Gräben sowie die Spuren von Großbränden 1934 und 1947 sind zum Teil bis heute zu erkennen.

Um das Ribnitzer Große Moor zu erhalten, haben Fachleute 1995 ein

Renaturierungsprogramm begonnen. Nach einer Bestandsaufnahme war es ihre wichtigste Maßnahme, durch Staue den Abfluss des Regenwassers zu verhindern. Nun geht alles in umgekehrter Reihenfolge: Durch den höheren Wasserstand sterben Bäume ab, der Waldbewuchs geht zurück, hochmoortypische Pflanzen finden nun wieder geeignete Lebensbedingungen und können sich ausbreiten.

Heute zeigt das Hochmoor wieder eine moortypische **Fauna** wie Gagelstrauch, Königsfarn, Glockenheide, Scheidiges Wollgras und Sonnentau. Besonders im Südteil wachsen Ledum und Rauschbeere, Callunaheide, Moosbeere und das Lebermoos. Wichtigste Pflanze für die Torfbildung ist das Torf- oder Bleichmoos, das schwammähnliche Torfmoospolster mit hohem Wasserspeichervermögen bildet. Obwohl dieses Polster etwa 20 cm im Jahr wächst, nimmt die Torfschicht im selben Zeitraum nur um 0,5 mm zu.

Trotz der Renaturierung existieren die wassergefüllten Torfstiche und Gräben, Moorwälder und Heidegebiete weiterhin. Sie wurden zu **Biotopen** mit einer außerordentlichen Artenvielfalt, die weit über die eines Hochmoores hinausgeht.

Radwanderung von Dierhagen nach Wustrow

Die Radtour beginnt am **Haus des Gastes** in Dierhagen-Strand. Man radelt einige Meter auf der Ahornstraße in Richtung Strand und biegt am Plateau rechts in den **Dünenweg** ein. Dieser asphaltierte Weg führt schnurgerade bis nach Wustrow, immer am Landesschutzdeich entlang. Zuerst erreicht man Dierhagen-Ost, das ehemalige »Seebad Ribnitz«, dann folgen rechter Hand die ehemaligen **Ribnitzer Stadtwiesen**.

Einmal im Jahr, im Mai, wenn das Gras schon recht hoch stand, gab es hier früher das »Fest der Morgensprache«. Die Ribnitzer Stadtväter verpachteten jedes Jahr die Wiesenparzellen des Salzgraslandes an die Fischländer Frauen. Während die Ratsherren mit dem Pferdewagen vorfuhren, kamen die Frauen zu Fuß aus Wustrow, Althagen und Niehagen herüber. Die einzelnen Parzellen wurden verlost, das Pachtgeld an Ort und Stelle kassiert, und die Klockenhäger mähten sogleich, gegen Entgelt, das Gras. Die Ribnitzer nutzten den Anlass zu einem Fest mit großem Gelage, die Fischländer hatten sich ihre Brotzeit mitgebracht und setzten sich in die Wiesen.

Dort, wo sich das Land wieder verjüngt, beginnt das Fischland. Schon von weitem sieht man von **Wustrow** das Windkraftrad, die Kirche und die ehemalige Seefahrerschule, die unter Denkmalschutz steht. An der schmalsten Stelle des Permins war die alte Durchfahrt – eine von mindestens sechs Verbindungen zwischen Bodden und Ostsee. Das Gebiet war deshalb im 14. Jahrhundert ein ideales Rückzugsgebiet der Piraten, die in Ribnitz frech ihr Raubgut verkauften und sich mit Proviant eindeckten – und bis Rostock und Stralsund gründlich aufräumten. Nur noch wenige hundert Meter weiter, und Wustrow ist erreicht.

Informationen:

- Kurverwaltung Ostseebad Dierhagen, Im »Haus des Gastes«, Ernst-Moritz-Arndt-Str. 2, 18347 Ostseebad Dierhagen, Tel. 038226/201, Fax 80466; www.entdeckemv.de/dierhagen.htm

Das Fischland

Landschaftliches

Das Fischland erstreckt sich vom Permin im Süden von Wustrow bis zum Grenzweg in Ahrenshoop. Bei einer Länge von gerade einmal fünf Kilometern erreicht das Land bei Wustrow seine größte Breite von 2,5 Kilometern, ist vor Ahrenshoop aber mit 800 Metern recht schmal. Die höchsten Erhebungen sind der **Bakelberg** (18,8 m) und der **Althäger Sandberg** (14 m). Die markanteste Landschaftserscheinung ist das Steilufer an der Ostsee, zum Bodden fällt das Gelände sanft ab und liegt stellenweise nur wenige Zentimeter über der Wasserlinie.

Zahlreiche **jungsteinzeitliche Funde** belegen, dass der eiszeitliche Kern des Fischlandes um Wustrow schon früh besiedelt war, vermutlich als einziger Ort der gesamten Halbinsel Fischland-Darß-Zingst. **Slawen** ließen sich ab etwa 600 n. Chr. auf dem Fischland nieder, das sie »Swantwostrowe« nannten, auch »Svante Wustrowe«, das heißt »heilige Insel«. An der Stelle der Wustrower Kirche legten sie einen Burgwall an, der möglicherweise ebenfalls »Svante Wustrowe« hieß und mit großer Wahrscheinlichkeit eine heidnische Kultstätte barg. Ort und Insel hatten also einen gemeinsamen Namen.

Nach der Einwanderung von **Neusiedlern** im 13. Jahrhundert, im Wesentlichen aus Westfalen, Niedersachsen und Holstein, wurde die neu gegründete Ortschaft »Swante-Wustrow« 1235 erstmals in einer Urkunde erwähnt. Sie ist somit die älteste Siedlung auf dem Fischland. Es entstanden die »Hagendörfer« Althagen und Niehagen, die sich auf Grund ihrer Endsilbe als typische Rodungsdörfer zu erkennen geben. In der Folgezeit wechselten die Eigentumsverhältnisse mehrfach; 1328 wurde »Swante-Wustrow« Eigentum des vier Jahre zuvor gegründeten Klarissinnenklosters in Ribnitz.

Historisches

Bis gegen Ende des 16. Jahrhunderts war die Bezeichnung »Swante-Wustrow« für die gesamte Insel üblich, dann setzte sich der Name **Fischland** durch, was auf einen regen Fischfang der Bewohner schließen lässt, neben Ackerbau und Viehzucht. Der Name »Wustrow« aber blieb dem Dorf, das oft auch »Kirchdorf« hieß, erhalten. Kurz nach Beginn des Dreißigjährigen Krieges nennt das Klosterinventar auf dem »Landt Wustrow« vier Dörfer: Kirchdorf (Wustrow), das nahe gelegene Bergesdorff (Barnstorf) sowie Nienhagen (Niehagen) und Althagen im Norden, die heute beide zu Ahrenshoop gehören.

Im **Dreißigjährigen Krieg** wurde das Fischland von Kaiserlichen Truppen und den Schweden ver-

Bauernschiffer gegen Handelsherren

Im 14. Jahrhundert begann ein **Konflikt**, der die Entwicklung von Wustrow und der Stadt Ribnitz für Jahrhunderte hemmen sollte. Die Recknitz, die bei Ribnitz den Bodden erreicht, floss damals durch den Permin südlich des Fischlandes und den Darßer Kanal bei Ahrenshoop, auch »De Loop« genannt, in die Ostsee. Das Fischland war zu dieser Zeit eine Insel und lag gewissermaßen im Mündungsdelta der Recknitz. Der **Handel**, der sich über diese Mündungsarme von Ribnitz und Wustrow aus entwickelte, war den Hansestädten Rostock, Wismar und Stralsund, die den gesamten Seehandel an der Küste für sich beanspruchten, ein Dorn im Auge.

Der Landesherr und die Ritterschaft sahen jedoch nicht ein, warum sie ihr Korn nur über die reichen Hansestädte ausführen sollten, die daran kräftig verdienten. Sie ließen einen Teil der jährlichen Ernte in so genannten **Klipp- oder Winkelhäfen**, also Häfen ohne Stadtrecht, auf Prahme verladen, die ihre Fracht vor der Küste an holländische und englische Schiffe übergaben. So geschah es in Boltenhagen und auf Poel, bei Rerik und Müritz, so liefen die Dinge auch in Ribnitz und in Wustrow – oft bei Nacht und Nebel, denn Rostock überwachte die Küste mit Argusaugen.

Der **Schmuggelhandel** muss sich gelohnt haben, denn in Wustrow, dessen Bewohner als geschäftstüchtige Getreidehändler galten, die Korn sogar jenseits des Boddens, im Pommerschen, aufkauften, gab es sogar eine kleine Bootswerft. Die Schiffe, die mit Korn beladen gen

➢ Kriegsschiffe vor Stralsund, Ausschnitt aus einem Stich von Matthäus Merian

➢ Angebliches Porträt von Klaus Störtebeker. Der Kupferstich von Daniel Hopfer entstand um 1550 und stellt tatsächlich den Hofnarren Maximilians I., Kunz von der Rosen, dar.

Lübeck, Amsterdam und London segelten, wurden nicht selten unterwegs von Rostocker Schiffen aufgebracht. »Jahrhundertelang ist von Generation zu Generation ein Kampf bis aufs Messer zwischen den saturierten Städten und dem aus kleinsten Anfängen aufsteigenden Fischlande geführt worden«, urteilte die bekannte Heimatschriftstellerin Käthe Miethe 1955 in ihrem Buch »Auf großer Fahrt«.

Im 14. Jahrhundert eskalierten die Auseinandersetzungen zwischen den Konfliktparteien verschiedene Male. Die Boddengewässer mit ihren mindestens sechs Seegatten, den Durchlässen in die Ostsee, waren ein ideales Schlupfloch für **Piraten**, die frech in Ribnitz geraubtes Gut verkauften und Proviant fassten. 1319 rückte Stralsund mit einer Streitmacht an und nahm über 100 Piraten gefangen. 1394 versenkten verbündete Hansestädte im Permin bei Kirchdorf einige alte Segelschiffe. Ein Jahr später zerstörte Rostock mit einer kleinen Streitmacht die Feste des pommerschen Fürsten am nördlichen Mündungsarm der Recknitz vor Ahrenspör, wie Ahrenshoop damals hieß, und versenkte im Darßer Kanal ebenfalls einige Schiffe.

Beide Mündungsarme der Recknitz versandeten daraufhin, die Passage war nicht mehr möglich. Offiziell verkündeten die Hansestädte, dass ihre Strafaktionen den Piraten galten, allen voran den Vitalienbrüdern. Piraten gab es in dieser Gegend, aber es ist fraglich, ob es ausgerechnet Störtebeker und seine Gesellen waren, die – wie oft behauptet wird – in Ribnitz und Wustrow ihr Unwesen trieben. Sicher dagegen ist, dass die Hansestädte ein für alle Mal den verhassten »Bauernschiffern« das Handwerk legen wollten. »Der Neid der Handelsherren in Rostock (...) hat Wustrow um seine Zukunft gebracht«, so kommentierte Käthe Miethe fast 600 Jahre später diese Ereignisse.

wüstet, die Zahl der Bewohner sank um ein Drittel. Nach dem Westfälischen Frieden von 1648 richtete sich Schweden jenseits des Boddens, in Pommern, auf Dauer ein, herrschte in Wismar und auf Poel. Ribnitz und das Fischland kamen 1669 in den Domanialbesitz der mecklenburgischen Herzöge. Wie tief die nördlich von Althagen verlaufende **Landesgrenze** zu Pommern empfunden wurde, verdeutlichen die Namen bis heute: Noch immer heißt die schmale Straße zum Strand »Grenzweg«, und der Graben jenseits der Dorfstraße zum Bodden hin, nennt sich immer noch »Grenzgraben«.

Von Seefahrern und Schiffen

Die Fischländer verstanden sich als Inselbewohner. Wegen der ständig drohenden Gefahr von Sturmfluten und der Unzugänglichkeit des Landes niemals in die Fron genommen, bewahrten sie sich eine innere **Unabhängigkeit**, die sie trotz des jahrhundertealten Konfliktes mit Rostock, Wismar und Stralsund zu Seefahrern werden ließ. Nach dem Niedergang der Hanse war die Zeit günstig: Mit Torf und Holz beladene Boote segelten vom Fischland nach Barth, Stralsund und Wismar, größere Schiffe fuhren sogar nach Lübeck und Malmö.

Der **Handel** blühte im 18. Jahrhundert auf, sodass die Fischländer Dutzende Schiffe bauen ließen. In der zweiten Hälfte des 18. Jahrhunderts stellte Hinzmann in Wustrow, ein ehemaliger »Schiffer« (so hießen Kapitäne an der Küste), kleine Jachten für die **Küstenschifffahrt** her. 1751 stifteten die Schiffer Hans Niemann, Hinrich Zeplin, Claus Hinrich, Claus Voß, Ewald und Hans Dade, Christoffer Balrüß, Gerdt Claus und Hinrich Hinzmann der Wustrower Kirche vier barocke Leuchter aus Zinn.

Die Namen der Schifferfamilien tauchen in Wustrow immer wieder auf, Hinzmann baute für Dade und Niemann die erste Galeasse, die im Unterschied zur Jacht ein Rahsegel führt. 1795 wurden 30 in Wustrow gebaute Schiffe gezählt (das deshalb auch »Schifferdorf« genannt wurde), in Althagen und Niehagen waren es 14 Boote.

Es war auf dem Fischland üblich, dass die gesamte Verwandtschaft Geld zusammenlegte, um ein Schiff bauen zu lassen. Entsprechend der beigesteuerten Summe hatte jeder einen »Part« (Anteil) am Schiff. Der Gewinn aus dieser **»Partenreederei«** verteilte sich also auf viele Köpfe, das Geld blieb aber in der Familie. Aber auch den Verlust eines Schiffes hatten die Anteilseigner gemeinsam zu tragen. Bereits gegen Ende des 18. Jahrhunderts kehrte der kleine Wohlstand in die »Seedörfer« ein, wie die vier Fischländer Siedlungen zusammen mit Dierhagen und Dändorf genannt wurden. Die wohlhabenden Schifferfamilien hatten in den Dörfern das Sagen und waren gut angesehen.

Um die Mitte des 19. Jahrhunderts brach die **Goldene Zeit der Segelschifffahrt** an, die im Grunde nur bis 1870 anhielt. Fischländer Schiffer, die bisher nur die große Küstenschifffahrt in der Ostsee und der Nordsee betrieben hatten, fuhren nun erstmals ins Mittelmeer, wagten sich nach Nord- und Südamerika und segelten selbst nach Australien und Südostasien. Obwohl ihnen noch lange der Ruf der »Bauernschiffer« nachhing, kamen die Schifferfamilien zu großem Reichtum. In Wustrow bauten sich die Schiffer neue, feste Häuser aus Ziegelstein, mit einem Obergeschoss und einem harten Dach, denn solide sollten sie schon sein und nach was aussehen. Standesdünkel machte sich breit, treffend »Schippernagel« genannt. Die Schiffer wollten nicht mehr Schiffer heißen, sondern nannten sich nun **»Kapitäne«**. Man blieb unter sich, auf einem Ball der Kapitäne durfte sich kein Steuermann blicken lassen, und wenn die Steuerleute feierten, waren die einfachen Matrosen nicht wohlgelitten. Und wer vom Ackerbau und Fischfang lebte, galt als armer Schlucker.

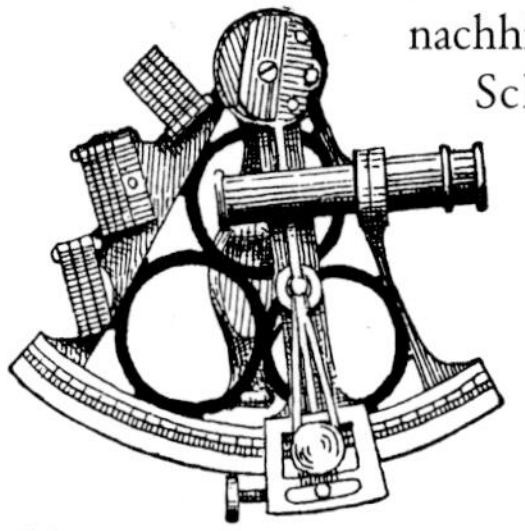

Sextant

Das große Jammern begann in den 70er-, 80er-Jahren, als sich überall auf den Meeren die eisernen Schiffe mit ihrem Dampfantrieb durchsetzten. Sie wurden als »Stinkbüdel« verachtet, aber das half wenig, denn sie wurden immer schneller, konnten mehr Fracht tragen und waren vom Wind nicht mehr abhängig. Die Partenreeder konnten oder mochten nicht in die neuen, teuren Dampfer investieren. So brach die Zeit der kapitalkräftigen **Reedereien** an, die meist in den großen Hafenstädten saßen und das Kapital der Banken und Firmen einsetzten, nicht die Taler aus dem Sparstrumpf der Verwandtschaft.

Um die Jahrhundertwende spielte die Schifffahrt auf dem Fischland nur noch eine untergeordnete Rolle. Wer zur See fahren wollte, ging mit dem Patent der »Großherzoglich-Mecklenburgischen Navigationsschule« in der Tasche nach Rostock, Lübeck und Stralsund – oder gleich nach Hamburg oder Bremen.

Die Kunst der Schiffsführung

Wie sehr es die Fischländer drängte, zur See zu fahren, zeigen die privaten Bemühungen einiger Lehrer, den Bauernsöhnen im Winter die **Navigation**, die Kunst der Schiffsführung, beizubringen. Da vom Herzog in Schwerin nichts zu erwarten war, nahmen die Fischländer den Unterricht in die eigene Hand. Der Vorreiter war Johann Jacob Christian Cyrus, geboren 1763 in Althagen, der erstmals so etwas wie Systematik in den Unterricht brachte und deshalb als »Vater der modernen Navigation auf dem Fischland« gilt (Fritz Meyer-Scharffenberg). Cyrus war als Steuermann zur See gefahren, hatte den Beruf aber wegen einer Krankheit aufgegeben, beschaffte sich das holländische Lehrbuch »Van der Kunst der Stüerlüden« und verlegte sich auf den Navigationsunterricht. Seine Schüler waren junge Männer von Althagen und Niehagen, aber auch ältere, erfahrene Matrosen und Steuerleute, die im Winter, wenn die Schifffahrt ruhte, zu ihm in den dunklen Katen in Althagen kamen.

Nach Cyrus' Tod übernahmen in fast allen Dörfern des Fischlandes sowie in Dändorf andere Lehrer den Navigationsunterricht, immer unter großen persönlichen Opfern. Erst 1834 bekamen die Lehrer der »Vorbereitungsschulen für den Beruf des Steuermanns« in Wustrow und Dändorf eine bescheidene Unterstützung von der mecklenburgischen Regierung.

Dem Großherzog von Mecklenburg-Schwerin war nicht entgangen, dass die Seefahrt, trotz der hohen Verluste an Schiffen, in höchstem Maße profitabel war. Eine Schiffsladung konnte durchaus 250 Prozent Gewinn abwerfen. Das brachte Geld in die Staatskasse. Doch der Navigationsunterricht auf dem Fischland genügte nach der Napoleonischen Zeit nicht mehr den Anforderungen

der Seefahrt mit schnelleren und größeren Schiffen. Gerade noch rechtzeitig vor dem großen Boom der Segelschifffahrt wurde 1846 in Wustrow auf dem Stegberg die **»Großherzoglich-Mecklenburgische Navigationsschule«** gegründet, die bis 1992 bestand. Dass ausgerechnet Wustrow zu dieser Ehre kam, erfüllte die Fischländer mit einem gewissen Stolz, der alte Streit mit Rostock war nicht vergessen.

Ostseebad Wustrow

Wustrow erschließt sich dem Besucher nicht auf den ersten Blick. Zwar führt die Fischlandchaussee, die dort »Ernst-Thälmann-Straße« heißt, mitten durch den Ort, doch die Häuser zu beiden Seiten sind keinesfalls historisch, sondern erst in jüngerer Zeit gebaut. Hier standen einmal stattliche, reetgedeckte Bauernhäuser, die 1869 einem Brand zum Opfer fielen. Aber es gibt noch einen alten Ortsteil, und den erreicht man am besten vom Hafen aus.

Die **Fischlandchaussee** wurde erst 1929 angelegt, was einmal mehr zeigt, wie schwer dieser Landstrich früher zu erreichen war. Wer von Ribnitz aus nach Wustrow wollte, der fuhr mit dem Boot, im Winter mit dem Eisschlitten. Obwohl schon über 600 Jahre mit dem Festland verbunden, war das Fischland im Grunde immer noch eine abgelegene Insel.

Auf Erkundungstour durch Wustrow

Die erste Straße in Wustrow, auf die der Besucher aus südlicher Richtung trifft, heißt Kuhleger, ein ehemaliger Ortsteil. Der Katen **Am Kuhleger 21** war einmal das Wohnhaus des Künstlerehepaares Hedwig Holtz-Sommer (1901–1970) und Erich Holtz (1885–1956). Dieses Anwesen, gelegentlich auch »Runenhaus« genannt, spielte in der Franzosenzeit zwischen 1806 und 1812 eine besondere Rolle. Von hier aus organisierten die Wustrower Fischer während der Kontinentalsperre den Schmuggel und führten die französischen Zöllner an der Nase herum. Bei Nacht und Nebel fuhren sie hinaus auf See, um Waren von Schiffen vor der Küste zu übernehmen. So mancher Seemann, der zum französischen Militär eingezogen werden sollte, konnte sich mit Hilfe der Wustrower Fischer auf den Darß in Sicherheit bringen.

Vom Kuhleger kommt man rechts zum **Hotelschiff »Stinne«**, das einmal ein dänischer Zweimastschoner gleichen Namens war, der im Februar 1965 bei einem Sturm vor der Küste strandete. Die Bergungskosten waren zu hoch, sodass er an den Bodden geschafft und als Hotelrestaurant hergerichtet wurde. Nicht weit davon steht die neugotische **Wustrower Kirche**, 1873 am Ort eines älteren Gotteshauses errichtet, das wiederum am Platz eines slawischen Burgwalls gebaut worden sein soll, der vermutlich ein heidnisches Heiligtum barg.

Da in der zweiten Hälfte des 19. Jahrhunderts fast alle jungen Männer des Fischlandes zur See fuhren, entschloss man sich beim Bau des **Kirchturms** 1873 für einen offenen Umgang, sodass die Schüler der Navigationsschule dort praktischen Unterricht erhielten. Die Schüler sind verschwunden, dafür sind dort umso mehr Touristen zu finden, die sich Wustrow und das Fischland von oben ansehen. Übrigens hat man von dort einen ausgezeichneten Blick auf den Permin.

Und genau da, wo sich die Landenge zu den ehemaligen Ribnitzer Stadtwiesen verbreitert, war der frühere Durchlass zur Ostsee.

Der **Hafen** ist eine der Hauptattraktionen von Wustrow. Man parkt den Wagen am besten auf dem (gebührenpflichtigen) Parkplatz. Traditionell liegt mindestens ein halbes Dutzend **Zeesenboote** vertäut im Hafenbecken, auf einigen kann man sogar an einem Boddentörn teilnehmen. Auch ein Ausflugsschiff lädt zur **Boddenfahrt** ein. Hafenmeister Matthias Dabels, der auch die Fischländer Segelschule am Hafen betreibt, informiert und berät in allen Fragen. Wartezeiten bis zum nächsten Törn überbrückt der Besucher am besten im »Kapitänshaus« bzw. im »Deutschen Haus« gegenüber. Oder man nutzt die Zeit und geht hinüber nach Barnstorf oder in die Neue Straße, wo die alten Katen stehen.

Barnstorf war einmal ein Dorf für sich, gehört heute aber zu Wustrow. Es bestand jahrhundertelang nur aus vier Hufen mit wunderschönen alten, reetgedeckten Häusern. Man geht am besten zu Fuß dorthin, vom Hafen aus immer am Bodden entlang, denn dort ist Endstation. Die Heimatschriftstellerin Käthe Miethe nannte die **Katen** »die schönsten Bauerngehöfte des Fischlandes«, und der alte Zauber hat sich bis heute gehalten. Hufe II stammt aus der ers-

➢ Eissegler vor Wustrow, im Hintergrund die neogotische Kirche

ten Hälfte des 18. Jahrhunderts, in Hufe IV, einer ehemaligen Räucherei, hatte sich der Bildhauer Johann Jaenichen ein Atelier eingerichtet. Heute werden in der **»Kunstscheune Barnstorf«** (Tel. 038220/201) Arbeiten vorwiegend norddeutscher Künstler gezeigt. Das Spektrum reicht von der Malerei über Plastiken und Skulpturen bis hin zu Töpferwaren und Schmuck.

Zurück am Hafen, sind es nur ein paar Meter bis zur **Neuen Straße**, die gegenüber der Kirche beginnt und nach Norden bis zum Friedhof verläuft. Das alte Straßenbild gefällt den meisten Besuchern auf Anhieb. Tief ducken sich die Häuser unter dem Rohrdach, einige der Katen haben sogar noch die Kloehntür, deren obere Hälfte sich öffnen lässt. So konnten die Hausfrau oder der Fischer drinnen stehen und bequem nach draußen tratschen, wer draußen stand, war nicht völlig ausgesperrt, aber auch nicht ganz drinnen. Von diesem Kompromiss hatte jeder etwas.

Prominentestes Gebäude ist die Büdnerei 195, besser bekannt unter dem Namen **»Fischlandhaus«**. Hier finden mehrmals im Jahr Wechselausstellungen von Künstlern des Fischlandes und der näheren Region statt, aber ein »Heimatmuseum« sucht man dort vergebens. Für ein Museum des Fischlandes ist die Zeit offenbar noch nicht reif. Am Ende der Neuen Straße liegt der **Friedhof**, wer mag, kann die Gräber der alten Schifferfamilien suchen. Es tauchen immer wieder dieselben Namen auf: Niemann, Zeplin, Hinrich, Voß, Dade, Balrüß, Claus und Hinzmann.

Die Route des Spaziergangs führt nun auf der Neuen Straße zurück und biegt auf halber Höhe rechts ein, zur Ernst-Thälmann-Straße. Gegenüber beginnt die **Strandstraße**, die geradewegs zur Seebrücke verläuft. Die meisten Häuser an der breit angelegten Straße sehen recht städtisch aus. Es waren die reich gewordenen Schifferfamilien, die hier sehr solide bauten, um sich von den alten, windschiefen und verräucherten Katen abzusetzen, aus denen sie doch alle gekommen waren. Linker Hand beginnt die Lindenstraße, wo einige besonders gut erhaltene Schifferhäuser stehen. In der benachbarten **Parkstraße 8** (an der Kreu-

➢ Das Haus »Schifferwiege«

➢ Im Hafen von Wustrow

zung Lindenstraße/Parkstraße links einbiegen) trifft man auf das rohrgedeckte Haus der Malerin Hedwig Woermann (1879–1960), deren Schaffen der Ahrenshooper Künstlerkolonie zugerechnet wird.

Auf der Parkstraße seewärts kommt man an der ehemaligen **Seefahrtsschule** Wustrow/Warnemünde vorbei, die bis 1992 bestand und über deren zukünftige Nutzung noch diskutiert wird. Durch den Park, der im Grunde ein Küstenschutzwald ist, erreicht man den 1876 fertig gestellten Landesschutzdeich. Das zweiarmige Windkraftrad in der Nähe war die erste industrielle Anlage dieser Art in der DDR. Dann sind die Düne und der Strand schnell erreicht.

Die 240 m lange **Seebrücke** aus grauem Beton gibt sich unverkennbar als ein Produkt der Nachwendezeit zu erkennen und unterscheidet sich nicht von denen in Zingst, Prerow oder sonst wo an der Ostsee. Schiffe legen hier nur selten an, wozu hat Wustrow schließlich seinen wunderschönen Boddenhafen? Als würde sie einen Zwang ausüben, meint jeder Besucher mindestens einmal am Tag die Brücke bis zu ihrem traurigen Ende entlang spazieren zu müssen. Das einzig Interessante dabei ist, das Spiel der Wellen zu beobachten.

Die Strömung entfaltet an der Brücke einen starken Sog, sodass mehrere **Steindämme** angelegt werden mussten, die den Brechern den größten Teil ihrer Wucht nehmen und die Strömung verringern. Zunächst hat man die großen Steine einfach im Wasser aufgehäuft, aber da die Strömung den Sand abtransportierte, sackten die Brokken immer tiefer ab und waren eines Tages verschwunden. Dann hat man die »holländische Methode« angewandt: Zuerst breitete man eine Art Teppich oder Matte im Wasser aus, dann luden Hubschrauber die tonnenschweren Granitblöcke darauf ab. An der Krone ist der Damm nur ein paar Meter breit, doch an der Basis rund 15 Meter. Zusammen mit den zahllosen Buhnenreihen sollen die Steinwälle die **Abtragung** von Strand und Küste aufhalten. Wie dringend diese Maßnahme war, zeigen die Einbuchtungen des Strandes in Richtung Ahrenshoop: Der Sand brach bei Sturm weg und ist wohl längst am Darßer Ort angekommen.

Vom Café Swantevit aus kann man das ganze Geschehen gut beobachten, sofern man einen der begehrten Fensterplätze ergattert. Auf der Strandstraße, vorbei am **Rettungsschuppen** von 1909, erreicht man wieder die Ernst-Thälmann-Straße.

Wanderung von Wustrow nach Ahrenshoop

Eine der beliebtesten Touren von Wustrow aus ist die Route längs des Steilufers. Im Hochsommer, wenn viele Urlauber unterwegs sind, herrscht dort ein gewisser Verkehr, sodass Radfahrer unter Umständen schlecht durchkommen. Man sollte nicht vergessen, dass das über 10 m hohe **Steilufer** kein Geländer hat und ein »aktives Kliff« ist, von dem bei Sturm regelmäßig Partien abbrechen. In jedem Frühjahr sieht die Küstenlinie anders aus, sodass der Abgrund recht nah an den Weg heranrücken kann, manchmal bricht bei Sturm sogar der Weg ab. Das sollte wissen, wer dort – auf eigene Gefahr – mit dem Rad entlang fährt. Gelegentlich sollte man daher absteigen und schieben. Im Grunde ist die Route eher für den Wanderer geeignet.

➢ Der Strand von Ahrenshoop mit der Badeinsel

Erste Badegäste in Wustrow

»Wustrow wurde zielbewußt von seinen Bewohnern zu einem Badeort ausgestattet, obwohl die alten Schifferfamilien anfangs wenig Meinung dafür hatten, ihre Häuser den Fremden aufzutun und zu vermieten. Doch man wußte keinen anderen Rat, um dem absinkenden Wohlstand des Dorfes, den der Wandel im Schiffahrtswesen verursacht hatte, entgegenzuwirken. 1880 wurde in Wustrow ein gemeinnütziger Verein gegründet, der alle Vorarbeiten übernahm, um Badegäste im Ort aufnehmen zu können. Es wurden Badezellen am Strand gebaut und der Weg vom Dorf zum Strand mit Bäumen bepflanzt. 1881 schon konnte Wustrow seine ersten Gäste empfangen. «

Käthe Miethe: Das Fischland – ein Heimatbuch. 8. Aufl. Rostock 1998, S. 119

Zunächst geht es aber eher gemächlich zu, denn das Steilufer beginnt erst etwa 800 m nördlich der Seebrücke. Nun kann man wählen: Kurz darauf zeigt ein Schild nach rechts den Weg in Richtung Niehagen an. Wer diese Route nimmt, überquert am besten die Hauptstraße (Fischlandchaussee) und biegt links in den »Weg zum Kiel« ein, der geradeaus auf der Straße Fulge bis zum Hafen von Althagen führt, der sich rechter Hand anschließt. Vom Hafen erreicht man auf der Hauptstraße nach 300 m den Weg zum Hohen Ufer, der links zum Steilufer führt.

Wer will, geht oder fährt längs des Steilufers weiter. Die Aussicht auf den Strand ist herrlich. Besonders nachmittags, wenn die untergehende Sonne den Geschiebemergel und die Geschiebesande anstrahlt, tritt die Schönheit der Landschaft hervor. Dann sind auch die **Uferschwalben** unterwegs, die pfeilschnell zu ihren Bruthöhlen in der Steilwand zurückkehren, um ihre Jungen mit Futter zu versorgen.

Auf der Höhe von Althagen trifft man auf eine zweite Besonderheit dieser Küste - eine große Halbinsel, die besonders gern von Badegästen mit Kindern aufgesucht wird. Über eine Treppe kommt man leicht hinunter. Knapp 400 m weiter, am Gehöft mit den drei markanten Pappeln, ist der Grenzweg erreicht. Mecklenburg ist hier zu Ende, Pommern beginnt.

Informationen:

- Kurverwaltung Ostseebad Wustrow, Strandstr. 10, 18347 Ostseebad Wustrow, Tel. 038220/251, Fax 253; www.ostseebad-wustrow.de
- Fischlandhaus Wustrow, Neue Str. 38, tgl. 14–17 Uhr, Tel. 038220/80465

Der Darß

Landschaftliches

Der rund 6000 ha große Darß ist eines der ursprünglichsten Waldgebiete Norddeutschlands. Seine Grenzen sind im Westen und Norden die Ostsee, im Süden der waldlose Teil des Vordarß, im Osten der Prerowstrom. Der Name ist slawischen Ursprungs: »d'razd« bedeutet »Laubwald« oder »Hain«. Mehrere **Ortschaften** zählt der Darß: Prerow, die Boddendörfer Wieck und Born sowie im weitesten Sinne auch Ahrenshoop.

Der Darß gliedert sich in mehrere Abschnitte, die zum Teil über das reine Waldgebiet hinausgehen. Im Süden, zwischen Born und Ahrenshoop, erstreckt sich der sehr flache **Vordarß**, ein als Weideland genutzter Landstrich, in dem immer noch Reste ehemaliger Wasserläufe erkennbar sind. Er ist von Entwässerungsgräben durchzogen und durch einen boddenseitigen Deich geschützt. Abstecher lohnen das in botanischer Hinsicht interessante Naturschutzgebiet Ahrenshooper Holz und der erdgeschichtlich bedeutsame Schifferberg.

Im Südosten des Waldgebietes liegt der **Altdarß**, ein erdgeschichtlich älterer Inselkern, der von den Schmelzwasserströmen der Gletscher der letzten Eiszeit geschaffen wurde. Das ehemalige Meeresufer ist bis heute deutlich als 6 bis 8 m hohes **Kliff** zu erkennen, das sich von Südwest nach Nordost durch den Wald erstreckt. Nördlich des Kliffs liegt der **Neudarß** (auch Nord-Darß), der erst vor 2500 bis 3000 Jahren durch den Einfluss der Ostsee entstand und mit einer durchschnittlichen Höhe von nur einem Meter deutlich niedriger als der Altdarß ist.

Die Flora

Wandel und Wechsel der Vegetation auf dem Darß sind außergewöhnlich vielfältig und komplex. Um das Jahr 1300 war der Altdarß überwiegend von Buchen bestanden, während die dominierende Baumart heute die **Kiefer** ist. Vordarß und Neudarß sind dagegen reicher an Laubholz.

Die bei den Besuchern beliebtesten »Baumarten« sind die so genannten **»Windflüchter«** am Weststrand – windzerzauste Buchen, von denen es nur noch wenige Exemplare gibt. Am Altdarßer Kliff, dem ehemaligen Meeresufer, sind noch einige uralte **Rotbuchen** zu finden. Am so genannten »g-Gestell« – das Wort »Gestell« stammt aus der preußischen Forstsprache und bezeichnet einen forstwirtschaftlichen Weg –, westlich von Prerow, im Jagen 178, stehen die **»Malerbuchen«**, die auf einigen Karten als Naturdenkmale ausgewiesen sind.

➢ Rechte Seite:
»Windflüchter« auf dem Darß

Zu beiden Seiten des Leuchtturmweges von Prerow an den Weststrand wachsen die »**Sturmkiefern**«, die weniger durch Wind und Sturm so klein, krumm und schief gewachsen sind, sondern allein wegen der Nährstoffarmut des Sandbodens. Eine weitere Besonderheit sind die **Lianengewächse** wie Efeu und Waldgeißblatt, die zahllose Bäume bis in die Krone umschlungen halten. Markant ist auch der bis zu 2 m hohe **Adlerfarn**, der große Waldflächen mit seinen hellgrünen Wedeln bedeckt.

Die größte botanische Besonderheit aber bietet der von trockenen Strandwällen (Reffen) und feuchten Senken (Riegen) durchzogene **Neudarß**. Der Höhenunterschied liegt oft unter einem Meter, ist für die Vegetationsentwicklung aber von entscheidender Bedeutung: Auf den Reffen siedeln sich vollkommen andere Pflanzengesellschaften an als auf den Riegen, die Abgrenzungen sind »hart«, fast ohne Übergang. Als Faustregel kann man sagen, dass Reffe und Riegen im Süden des Neudarß weitaus fortgeschrittener sind als im Norden, die Pflanzengesellschaften haben im Süden weitaus mehr Stadien durchlaufen als im Norden. Selbst von Strandwall zu Strandwall, von Senke zu Senke bestehen oft erhebliche Unterschiede.

Bei den **Reffen** verläuft die **Vegetationsentwicklung** vom Dünen- und Kiefernwald über den Eichen- und Kiefernwald bis hin zum Buchenwald – dem Hauptwald und Endstadium. Aber **Buchenwald** ist nicht gleich Buchenwald: Fachleute unterscheiden zum Beispiel Buchen und Eichen mit Pfeifengras, ferner moosartigen Buchenwald so-

Reffe und Riegen

Die Entstehung der Reffe und Riegen geht auf die küstenparallele Strömung zurück, die Sand und andere Sedimente bei Wustrow und Ahrenshoop abträgt, um sie am Weststrand, am Darßer Ort und am Nordstrand wieder abzulagern. Dieser Prozess der Landbildung lässt sich vom Leuchtturm Darßer Ort aus besonders gut erkennen.

Die schwächer werdende Strömung lagert Sand ab, der bei starkem Wind zu **Strandwällen** aufgeworfen wird. Diese schnüren Wasserflächen ab, die mit der Zeit zu kleinen Binnengewässern (so genannten Strandseen) werden. Während die Entwicklung eines Strandwalles noch in vollem Gange ist, bilden sich bereits weitere Wälle aus. Der Prozess bewirkt eine stetige Abfolge von Reffen und Riegen, die im Süden des Neudarß, nahe dem alten Meeresufer, überwiegend in westöstlicher Richtung verlaufen, sich im Norden aber von Nordwest nach Südost erstrecken. Bei einer Wanderung quer zum Verlauf der Standwälle, also von Süd nach Nord, kann man die Abfolge gut erkennen. Reffe und Riegen können einige 100 m lang sein, sind aber ausgesprochen schmal, oft weniger als 50 m breit.

➢ Die Luftaufnahme verdeutlicht den Prozess der Landbildung am Darßer Ort

wie Pillenseggen-Buchenwald, den man auf trockenen Böden antrifft. Auch andere Baumarten kommen in verschiedenen Pflanzengesellschaften vor. Da gibt es zum Beispiel unmittelbar nördlich des Großen Sterns breite Zonen eines Blaubeer-Kiefernwaldes, der von schmalen Streifen eines Pfeifengras-Birken-Stieleichenwaldes und eines Brennnessel-Erlenwaldes durchsetzt ist. Etwa 2,5 km nördlich des Großen Sterns beginnen Zonen eines Pfeifengras-Eichen-Buchenwaldes, durchzogen von Erlensümpfen und Erlenbrüchen. Der Übergang der Vegetationszonen, etwa vom Nadel- zum Laubwald, erscheint oft wie mit dem Lineal gezogen und vollzieht sich auf wenigen Metern.

Bei den feuchten, sumpfigen **Riegen** verläuft die Entwicklung der Vegetation von Schilf und Seggen über Weiden, später Erlen bis hin zum Erlenbruchwald - dem Hauptwald und Endstadium. Gerade bei der Vegetation der Riegen gibt es mannigfache Differenzierungen der Pflanzenwelt. Botaniker unterscheiden zwischen armer und reicher Pfeifengraswiese sowie der Großseggenwiese mit Pfeifengras. Oder zwischen dem Erlensumpf, nassem und trockenem Erlenbruch, dem Erlen-Eschenwald und den verschiedenen Übergangsstadien zwischen nassem, trockenem Erlenbruch und dem Erlensumpf. Im **Natureum Darßer Ort** existieren Karten, die die einzelnen Vegetationszonen und Pflanzengesellschaften detailliert beschreiben.

Die Fauna

Die Fauna des Darß ist nicht ganz so vielfältig wie die Flora, doch immerhin so bedeutend, dass auch die DDR-Führung das Waldgebiet zum exklusiven **Jagdgebiet** erklärte und absperren ließ. Die wichtigsten Tierarten sind Schwarz- und Rotwild. Beobachtungskanzeln gibt es am k-Gestell südlich der Abzweigung des Müllerweges und am g-Gestell (Westseite) in Höhe der Großen Buchhorster Maase. Zur Brunftzeit der Hirsche im Herbst bietet das Nationalparkamt besondere Führungen an. Zu den üblichen Waldtieren wie Fuchs, Hase, Iltis und Eichhörnchen kommen Dachs, Stein- und Baummarder, Hermelin, Mauswiesel sowie der Fischotter hinzu.

Auch zahlreiche **Vogelarten** sind im Darßer Wald zu Hause, u.a. Specht, Zeisig, Eichelhäher und Gimpel, ferner der Grüne Laubsäger, Buchfink, Bartmeise, Kleiber, Zwergfliegenschnäpper und Neuntöter. Zu den Greifvögeln zählen Bussard, Wiesenweihe und der Seeadler, der über den Gewässern seine Kreise zieht.

Historisches

Die Geschichte des Darß ist gekennzeichnet von einer ständigen Folge von **Raubbau** bzw. **Verwüstung** und **Wiederaufbau**. Ab dem 14. Jahrhundert benötigten die Neusiedler große Mengen Holz für Hausbau, Heizung und Schiffe. Haustiere, die im Wald gehalten wurden, schädigten den Bewuchs ebenfalls. So zeigen die berühmten Matrikelkarten der Schweden den Altdarß bereits mit großen Kahlflächen. Im Nordischen Krieg von 1715–20 plünderten die Dänen den Darß systematisch aus. Die rigoros durchgeführte Aufforstung danach machte ein Orkan im Jahre **1801** fast ganz zunichte: 30.000 Kiefern wurden entwurzelt. Preußen, das Pommern 1815 auf Beschluss des Wiener Kongresses bekommen hatte, machte sich an die Entflechtung und Ablösung jahrhundertealter Nutzungsrechte der Dörfler am Wald, eine äußerst mühsame und langwierige Arbeit.

Im November **1872** verwüstete eine große Sturmflut weite Gebiete. »Der Wald sah aus wie ein Schlachtfeld«, schrieb Gustav Berg. Als der Forstmeister **Ferdinand von Raesfeld** – sein Grab liegt am

k-Gestell nördlich des Großen Sterns - 1891 sein Amt antrat, waren von 6000 ha Gesamtfläche noch immer 2000 ha kahl. Auch im 20. Jahrhundert war der Waldbestand gefährdet: Im Oktober 1967 und im Januar 1968 verwüsteten zwei Orkane insgesamt 500 ha Wald. Große Flächen wurden mit Fichten aufgeforstet, was sich bis heute negativ auswirkt. So ist die Nationalparkverwaltung seit Jahren bemüht, **Laubbäume** anzupflanzen, die im Wuchs beständiger und dem Standort angemessen sind.

Als um die Mitte des 19. Jahrhunderts das Zeitalter der Eisenbahn begann, stieg der Bedarf an Holz sprunghaft an. Gruppen von Schwellenhauern lebten in Waldhütten, um Bahnschwellen zu sägen, eine äußerst mühselige Arbeit.

Ostseebad Ahrenshoop

Ahrenshoop ist anders. Als Wustrow, Prerow und Zingst sich eine Seebrücke zulegten, brauchte sich in Ahrenshoop niemand den Kopf über eine solche Einrichtung zu zerbrechen- schließlich hat man ja als einziger Badeort am Strand eine natürliche **Halbinsel**, die viel attraktiver ist als jeder moderne Seesteg. Ahrenshoop hat auch keinen Campingplatz, und während es andernorts Zeesenbootregatten gibt, veranstaltet man in Ahrenshoop eine **»Fischerregatta«**.

Als um 1880 die Zeit des Badewesens begann, gingen die normalen Urlauber nach Zingst, Prerow und Wustrow, nach Ahrenshoop aber kamen die **Kunstmaler**. Andere Dörfer haben im Heimatmuseum liebevoll Fundstücke der heimischen Kultur versammelt, doch in Ahrenshoop legt niemand Wert auf eine solche Institution: Das ganze Dorf ist schließlich so etwas wie ein Museum! Kurzum, Ahrenshoop ist etwas Besonderes und will es auch noch lange bleiben.

Historisches

Das Anderssein von Ahrenshoop begann erst mit einer Wanderung **Paul Müller-Kaempffs** im Jahre 1889 von Wustrow nach Ahrenshoop. Der Kunstmaler war von dem unscheinbaren Dorf so beeindruckt, dass er andere begeistern konnte und wiederkam. Doch all die Jahrhunderte zuvor war Ahrenshoop nichts als ein Dorf am Loop, einem ehemaligen Arm der Recknitz.

Arneshope, auch Arenshop, Arenshof und Ahrensspör genannt – was nichts anderes bedeutet als »Hof eines Arens oder Arne« –, wurde 1271 erstmals urkundlich erwähnt. Es waren nicht viel mehr als zwei Hütten im wehenden Sand, und zwar das Heidereiterhaus und das Fährhaus am Darßer Kanal sowie eine kleine Feste des pommerschen Fürsten am Boddenufer.

Das große Ärgernis der Zeit war der **Mündungsarm der Recknitz**, ein Schlupfloch für Piraten und Getreidehändler, der von den Hansestädten Rostock und Stralsund als Bedrohung empfunden wurden. 1395 zerstörte Rostock mit einer kleinen Streitmacht die Feste und versenkte im Loop einige Schiffe, worauf der Wasserarm versandete und nicht mehr passierbar war. Doch soll der Durchlass 1455 wieder schiffbar gewesen sein, möglicherweise nach einer Sturmflut. Wo dieser **Wasserlauf** genau verlief, ist nicht ganz sicher: Man sagt, er sei die Grenze gewesen zwischen dem Mecklenburgischen und dem Pommerschen, bezeichnet durch den Grenzweg und den Grenzgraben. Vermutlich lag der Wasserlauf aber ein Stück weiter nördlich, etwa zwischen dem heutigen Grenzweg und der Straße Am Strom.

Die historischen Verhältnisse sind etwas kurios. Durch Ahrenshoop verläuft eine alte **Grenze**, markiert durch den Grenzweg und den Grenzgraben östlich der Dorfstraße. Nördlich davon, also auf der »Darß-Seite«, lag Pommern bzw. Schwedisch-Pommern. Ab 1815 war das alles preußisches Gebiet, südlich der Grenze begann Mecklenburg. Noch eindrucksvoller aber ist die landschaftliche Aufteilung: Althagen und Niehagen, seit 1950

Die Werre oder: Fischfang zwischen Bodden und Ostsee

Auf historischen Karten sind mehrere Einbuchtungen nördlich von Ahrenshoop verzeichnet, mitten in der **Werre**, die im 16. und 17. Jahrhundert regelmäßig unter Wasser stand. Einen dieser Wasserläufe nutzten die Fischer von Fuhlendorf und anderen Boddendörfern im Süden, wenn sie in der Ostsee fischen wollten. Mit ihren Booten fuhren sie so weit wie möglich in diese Bucht hinein, gingen noch ein paar hundert Meter zu Fuß bis zum Ostseestrand, wo Fischerboote lagen und ein paar windschiefe Hütten mit Gerät standen. Wie überall an der Küste hieß ein solcher Heringsfangplatz **»Vitte«**. Bei der großen Sturmflut von 1625, die den Loop wieder öffnete, wurde die Vitte vollständig zerstört. Bis heute ist die Werre als tief liegendes Gebiet gut erkennbar, und mit etwas Fantasie kann man sich gut vorstellen, dass sie früher nur schwer durchquert werden konnte, sodass Ahrenshoop und Born getrennte Welten waren.

Ortsteile von Ahrenshoop, liegen auf dem hügeligen, fruchtbaren Fischland. Nördlich des Grenzweges beginnt bereits der tief gelegene Vordarß, eine vollkommen andere Landschaft. Und bis auf den heutigen Tag grenzen sich eingesessene Althäger deutlich von Ahrenshoop ab. Man lebt in Althagen – und nicht in Ahrenshoop!

Althagen und Niehagen

Schon rein sprachlich weisen sich die **»Hagen«-Dörfer** Alt- und Niehagen als Gründungen des 13. Jahrhunderts aus, als weite Landstriche für die Neusiedler aus Niedersachsen und Holstein gerodet wurden. Als Fischlanddörfer gehörten sie zum Kirchspiel Wustrow – und was in Wustrow geschah, das ging auch hier im Kleinen vor sich: Der Streit mit den Hansestädten, der Schmuggel, das heimliche Verladen von Getreide, all das hat es auch hier gegeben. Und weil die Äcker nicht alle ernähren konnten, gingen die jungen Männer zur See.

Um 1770 gab es in Althagen einen Fachmann für **Navigation**, der in den langen Wintermonaten, wenn die Seefahrt ruhte, den jungen Männern die Handhabung des Jakobsstabs und das Winkelrechnen beibrachte. Er hieß Jacob Christian Cyrus, war Dorfschullehrer und wohnte in einem Katen mit der Büdnereinummer 52. Das nötige Wissen hatte er sich aus einem holländischen Navigationsbuch beigebracht. Einer seiner Schüler, der Steuermann Claas Niemann, setzte die Tradition fort.

Nur Cyrus und Niemann ist es zu verdanken, dass die Althäger und Niehäger Matrosen auf den Segelschiffen allmählich aus den dumpfen Mannschaftskammern vor dem Mast herauskamen und als Steuermann und Schiffer die weitaus komfortableren Quartiere hinter dem Mast beziehen konnten.

Was die heutige Zeit angeht, so weiß man nicht, ob es ein Fluch oder ein Segen war, dass die Landstraße, die Wustrow und Ahrenshoop zerschneidet, die beiden alten Dörfer Althagen und Niehagen nur streift. Sie sind bis heute eine Welt für sich, und man hat nicht das Gefühl, dass die Bewohner dies bedauern. Wer sich dort für ein, zwei Wochen abseits der großen Touristenströme einquartiert, der sieht dies in den meisten Fällen ebenso. Abgeschiedener kann man auf der Halbinsel allenfalls noch in Born und Wieck leben.

Man sollte die beiden Dörfer aber nicht unterschätzen. Im Ortsteil Althagen liegt der Hafen von »Ahrenshoop«, es gibt nette Restaurants und Kneipen, und hier startet alljährlich im September die »Fischerregatta«. Einige bedeutende **Kunstmaler** wollten ausgerechnet in Althagen und Niehagen leben, darunter der bedeutende Bildhauer und Grafiker Gerhard Marcks. Und **Käthe Miethe**, die bekannte Heimatschriftstellerin, die sich so sehr um das Fischland verdient gemacht hat, lebte in Althagen in einem Katen an der Dorfstraße (Haus 20), wo sie im Jahre 1961 verstarb.

Künstlerkolonie Ahrenshoop

Dass **Paul Müller-Kaempff** die Ahrenshooper Künstlerkolonie gründete, ist gesicherte Erkenntnis, doch er war nicht der erste Maler vor Ort. Vor ihm weilte bereits der mecklenburgische Landschaftsmaler **Carl Malchin** (1838–1923) in Ahrenshoop, der dort am 9. September 1882 zwei Skizzen signierte und datierte. Nur hatte Malchin wenig Sinn dafür, eine Künstlerkolonie zu gründen. Er kam, weil ihm das einsame Dorf gefiel, malte ein wenig und ging wieder nach Schwerin zurück, wo er als Vermessungsingenieur tätig war.

➢ Paul Müller-Kaempf um 1920

So blieb es Paul Müller-Kaempff überlassen, Ahrenshoop »offiziell« zu entdecken: »Im Spätsommer 1889 hielt ich mich mit meinem Kollegen, dem Tiermaler Oskar Frenzel, in Wustrow auf dem Fischlande auf. Gelegentlich einer Wanderung am Hohen Ufer lag plötzlich, als wir die letzte Anhöhe erreicht hatten, zu unseren Füßen ein Dorf: Ahrenshoop. Wir hatten von seiner Existenz keine Ahnung und blickten überrascht und entzückt auf dieses Bild des Friedens und der Einsamkeit. Kein Mensch war zu sehen, die altersgrauen Rohrdächer, die grauen Weiden und grauen Dünen gaben dem ganzen Bilde einen Zug tiefsten Ernstes und vollkommener Unberührtheit.«

Diese neuen Eindrücke ließen Müller-Kaempff nicht ruhen, er kam nach Ahrenshoop zurück und baute sich in der Dorfstraße 18 ein Haus. Kurz darauf ließ er schräg gegenüber für seine Malschülerinnen und -schüler die **Pension »St. Lukas«** errichten. Und dann reisten sie in den Sommermonaten gleich gruppenweise an: Elisabeth von Eicken, Anna und Bertha Gerresheim, Hugo Richter-Lefensdorf, Martin Körte, Theobald Schorn und Fritz Grebe – über ein Dutzend insgesamt. Heinrich Schlotermann, Carl Friedrich Koch und Hugo Jaeckel mieteten im benachbarten Althagen kleine Katen. Friedrich Wachenhusen und Franz Triebsch errichteten ihre Häuser auf dem Schifferberg, ein wenig außerhalb von Ahrenshoop.

Über diese Bauten und ihre Ästhetik gingen die Ansichten weit auseinander. Die Heimatschriftstellerin **Käthe Miethe**, die in Althagen lebte, urteilte in ihrem »Fischlandbuch«: »Eigentlich hat sich Ahrenshoop um fast alle Reize seiner ursprünglichen Gestalt gebracht. Schon die ersten Maler, die sich anbauten, gingen mit schlechtem Beispiel voran. Sie kümmerten sich überhaupt nicht um die alte Fischländer Bauweise. Sie hatten überdies eine durchaus konventionelle Vorstellung von ländlicher Bauart. Der Katen war für sie ein geschätztes Motiv, aber nicht Vorbild. Sie lebten im städtischen Jugendstil ihrer Zeit. (...) So haben schon die Begründer der Künstlerkolonie Ahrenshoop den Weg für die Stillosigkeit frei gemacht, die sich über das Dorf ausgebreitet hat, und durchaus nicht alles falsch Empfundene ist inzwischen von Bäumen und Strauchwerk eingehüllt worden.«

Offensichtlich waren die Wohnhäuser den Künstlern kein lohnendes Objekt im Sinne einer allumfassenden Ästhetisierung des Lebens und Alltags. Aber es gibt ja noch die Bilder, die Werke. Es zeigte sich, dass die Maler der Künstlerkolonie Ahrenshoop weder einen gemeinsamen Stil noch ein verbindliches Programm hatten. Sie stellten nicht einmal zusammen aus. Sie kamen aus verschiedenen Himmelsrichtungen nach Ahrenshoop, weil ihnen der Ort am Steilufer über die Maßen gut gefiel. So ist die Künstlerkolonie Ahrenshoop eher als eine lose Gruppierung von Freunden des Dorfes zu verstehen, die zufällig auch malten. Gemeinsam war ihnen, dass sie die Ateliers verlassen hatten und im Freien, »plein air«, malten – was zwangsläufig bedeutete, dass sie im Sommerlicht helle Farben wählten und auf die dunklen Töne verzichteten, die charakteristisch für die Ateliermalerei sind.

Mit den Malern kamen wohlhabende **Urlauber**, denen das Trei-

➢ Der Ahrenshooper Kunstkaten – seit 1909 ein »Haus für heimische Kunst und Gewerbe«

ben der Künstler natürlich nicht verborgen blieb. Sie wollten deren Bilder auch in einem angemessenen Rahmen sehen, sodass Müller-Kaempff und Theobald Schorn sich zum Bau eines kleinen **Ausstellungspavillons** entschlossen, der am 11. Juli 1909 eröffnet werden konnte. Nun hatte Ahrenshoop sogar eine eigene »Kunsthalle« für Wechselausstellungen. Das Anwesen, im Stil einer Fischlandkate gehalten, war mit Rohr gedeckt und passte insofern besser zur Landschaft als die meisten der Künstlerdomizile. Tatsächlich sollte der **Kunstkaten** den Bau ähnlicher Häuser anregen.

Der **Erste Weltkrieg** ließ viele Künstler verarmen, die daraufhin den Ort verließen. Es kamen neue Maler, zum Beispiel der Illustrator Fritz Koch-Gotha und seine Frau, die Malerin Dora Koch-Stetter, die in Althagen ein Haus bauten. Der Bildhauer Gerhard Marcks lebte im Sommer regelmäßig in Niehagen. Aus Rostock kam der Maler Hans E. Oberländer oft zu Besuch, 1925 traf der Landschaftsmaler Alfred Partikel in Ahrenshoop ein. Der Rostocker Verleger Peter Erichson sollte in das Haus des Malers Friedrich Wachenhusen auf dem Schifferberg einziehen.

Schon bald bekam der Kunstkaten Konkurrenz. Martha Wegschneider und Hans Brass gründeten 1922 die **»Bunte Stube«**, die neben Büchern auch Kunst und Kunsthandwerk anbot sowie Ausstellungen und Lesungen veranstaltete. Das Unternehmen florierte, sodass der Rostocker Bauhausarchitekt Walter Butzek 1929 neben dem Kunstkaten einen flachen Neubau errichten konnte. Mit seinem kubusförmigen, dunkelrot gestrichenen Holztürmchen direkt an der Dorfstraße wurde er schon bald zum Wahrzeichen von Ahrenshoop. Bis heute kündet das Bauwerk, dessen Turm jetzt in blassem Mittelrot gehalten ist, von der Kunst und dem Kunstgewerbe in Ahrenshoop.

Nach dem **Zweiten Weltkrieg** änderte sich die Situation wiederum grundlegend. Kulturminister Johannes R. Becher machte Urlaub in Ahrenshoop und war derart begeistert, dass er sich die Bettenkapazitäten für den Kulturbund sicherte. Auch der Kunstkaten ging an den Kulturbund über, blieb aber weiterhin Ausstellungsort. Es kamen zwar wieder neue Maler nach Ahrenshoop – zum Beispiel Rudolf Bergander, Ernst Hassebrauk, Gerhard Stengel, Bernhard Kretzschmar, Klaus Müller-Schönefeld und Georg Hülsse –, aber nach und nach trafen auch Schriftsteller und Kulturfunktionäre ein, die mehr mit dem Wort arbeiteten und nur für ein paar Wochen blieben. Im Juli 1947 kamen Alexander Abusch, Klaus Gysi und Ernst Niekisch, in den folgenden Jahren Bert Brecht, Helene Weigel, Arnold Zweig und Hanns Eisler. Wer in der DDR-Kultur Rang und Namen hatte, reiste zur Erholung nach Ahrenshoop. Hier sah man Stefan Heym und Erich Loest, Wolf Biermann kam und Reiner Kunze ebenso.

Im Februar **1974** gab es Unheil: Der Kunstkaten brannte teilweise ab. Der Wiederaufbau zog sich hin,

➢ Das »Neue Kunsthaus Ahrenhoop«, Ansicht vom Skulpturengarten

erst am 5. Mai 1977 konnte Alexander Abusch das im alten Stil wieder aufgebaute, nun aber strahlend hellblau gestrichene Haus feierlich eröffnen. Zum 80. Jahrestag des Kunstkatens im Jahre 1989 wurde eine Ausstellung der Aquarelle von Georg Hülsse gezeigt, der seit Ende des Krieges in Ahrenshoop lebte und arbeitete. Etwa 10.000 Besucher zählte diese Ausstellung des vorerst letzten der bedeutenderen Maler des Dorfes. Die Tradition der Künstlerkolonie hat sich nach der Wende fortsetzen können. Im Ort leben etwa zwei Dutzend Maler, Grafiker, Bildhauer und Keramikkünstler, die man - nach Anmeldung - auch in ihren Ateliers besuchen kann. In der Kurverwaltung liegen Handzettel mit den Anschriften aus, auch offene Ateliertage sind angegeben. Einige von ihnen kann man auch beim »Künstlerstammtisch« kennen lernen, über den die Kurverwaltung Auskunft gibt.

Informationen:

- Kurverwaltung Ostseebad Ahrenshoop, Kirchnersgang 2, 18347 Ostseebad Ahrenshoop, Tel. 038220/234, Fax 300; E-mail: ahrenshoop@t-online.de www.ostseebad-ahrenshoop.de
- Kunstkaten Ahrenshoop, Strandweg 1, 18347 Ostseebad Ahrenshoop, Tel. 038220/80308; E-mail: ahrenshoop@kunstkaten.de www.kunstkaten.de
- Strandhalle Ahrenshoop, Dorfstr. 16 b, 18347 Ostseebad Ahrenshoop, Tel. 038220/82522, Fax 82523

➢ Die »Bunte Stube« mit ihrem markanten Holzturm

Spaziergang zum Hohen Ufer

Ausgangspunkt ist die **Bunte Stube** an der Dorfstraße, deren markanter Holzturm Wahrzeichen von Ahrenshoop ist. Das benachbarte Haus ist der Kunstkaten, der in seinem strahlenden Hellblau eines der meistfotografierten Gebäude der gesamten Halbinsel ist. Schräg gegenüber der Bunten Stube steht **Haus Lukas** (Dorfstr. 35), das Paul Müller-Kaempff für seine Malschüler(-innen) errichten ließ. Der Begründer der Künstlerkolonie Ahrenshoop logierte im Haus Dorfstraße 18, zu dem die Route nun führt (Richtung Wustrow).

Die nächste Seitenstraße ist der Kirchnersgang, wo sich die **Kurverwaltung** befindet. Ein Stück weiter biegt rechts die Straße Am Strom ab, wo im Haus Nr. 6 der Maler Georg Hülsse lebte. Der Straßenname ist ein Hinweis auf den historischen, heiß umkämpften Arm der Recknitz, der Rostock stets ein Dorn im Auge war.

Knapp 80 m weiter führt die Route rechts in den **Grenzweg**. Exakt hier soll, wie ein Schild sagt, die Grenze zwischen Pommern (Darß-Seite) und Mecklenburg (Richtung Wustrow) verlaufen sein. Auf der anderen Seite der Dorfstraße findet der Grenzweg seine Fortsetzung im **Grenzgraben**. Leicht bergan geht es in Richtung See. Die Häuser rechts des Grenzweges sind ausgesprochen ansehnlich, besonders die Nummer 8, das Haus des Malers Grebe.

Zur DDR-Zeit nannte der Volksmund diese Anhöhe den **»Millionenhügel«**, eine Anspielung auf die verdienten Wissenschaftler, Ärzte und Künstler, die hier Häuser erwarben oder errichten ließen.

Sehr markant und exponiert steht das Eckhaus, das Anwesen unmittelbar am Strandabgang, dessen drei Linden ebenfalls ein Wahrzeichen von Ahrenshoop sind.
Vorbei am Café Buhne 12 führt der Weg in Richtung Wustrow am Hohen Ufer entlang. Es ist das schönste Stück des **Steilufers**. Bei Sturm höhlt der Wind ganze Furchen in der Steilwand aus, hochgewehter Sand bildet Kliffranddünen. Man kann deutlich erkennen, wo einzelne Teile der Küstenlinie abgesackt sind. In jedem Winter untergraben die Wellen bei Sturm den Fuß der Steilwand, sodass ganze Partien abbrechen. Von Zeit zu Zeit muss der Fußweg landeinwärts verlegt werden, einzelne Strecken verlaufen recht nah am Abhang (weshalb dieser Weg für Radtouren nicht zu empfehlen ist). Halb voraus liegt jenes **Eiland**, um das die anderen Badeorte Ahrenshoop beneiden: Eine dreieckige Halbinsel aus feinem Ostseesand, die recht geschützt hinter einem bogenförmigen Wall von Wellenbrechern liegt. Eine Seebrücke würde hier geradezu stören. Einige Bänke laden zum Verweilen ein, über Treppen kommt der Badegast hinunter zum Strand. Auch wenn das Wasser hier sehr ruhig erscheint, muss ausdrücklich vor der gefährlichen Strömung gewarnt werden!
Die Route führt weiter nach Süden und biegt bei **Strandübergang 15** links in den »Weg zum Hohen Ufer« ein. Hier, direkt am Strandübergang, wurde nach umfangreichen Sanierungsarbeiten im ehemaligen Wohn- und Atelierhaus der Malerin **Elisabeth von Eicken** (1862–1940) ein Hotel-Restaurant

➢ Am Strand von Ahrenshoop

mit Galerie eingerichtet. Gezeigt werden wechselnde Ausstellungen zeitgenössischer Künstler. Die Häuser mit den recht großzügig geschnittenen Grundstücken links und rechts der Allee wurden in den 60er-Jahren gebaut. An der **Hauptstraße** angekommen, hat man die Wahl: Wer zum Hafen von Althagen möchte, der eigentlich bei jedem Wetter sehenswert ist, biegt nach 300 m links in den **Hafenweg** ein.

Kultur- und Kunstbeflissenen sei ein Abstecher in den jenseits der Hauptstraße beginnenden **Bernhard-Seitz-Weg** empfohlen. Auf halber Strecke liegt links das Anwesen Nr. 9, genannt **»Niemanns Hof«**, die historische Hofstelle X. Ein Stück weiter liegt rechter Hand das **Atelier im Dornenhaus**, ein 350 Jahre altes Seefahrerhaus, in dem die ständige Löber-Fischlandkeramik-Verkaufssausstellung Platz gefunden hat. Außerdem finden in dem denkmalgeschützten Gebäude wechselnde Ausstellungen und Veranstaltungen statt. Ebenfalls im Bernhard-Seitz-Weg ist das **Neue Kunsthaus Ahrenshoop** beheimatet. Es widmet sich der zeitgenössischen Kunst des Landes Mecklenburg-Vorpommern, Ausstellungen, Lesungen und Konzerte gehören zum ständigen Angebot. Augenfällig ist der kleine Skulpturengarten, der rund um das Haus entstanden ist. Nach links kommt man wieder zur Dorfstraße zurück.

➢ »Hockende«, Skulptur von Nils Dicaz, ausgestellt im Neuen Kunsthaus Ahrenshoop

Informationen:

- Elisabeth von Eicken, Galerie – Hotel – Restaurant, Dorfstr. 39 18347 Ostseebad Ahrenshoop, Tel. 038220/6990, Fax 690924

- Atelier im Dornenhaus, Bernhard-Seitz-Weg 1, 18347 Ostseebad Ahrenshoop, Tel./Fax 038220/80963

- Neues Kunsthaus Ahrenshoop, Bernhard-Seitz-Weg 3a, 18347 Ostseebad Ahrenshoop, Tel. 038220/80308, Fax 82495

➢ Die Schifferkirche in Ahrenshoop

Zum Ahrenshooper Holz

Wiederum soll die Bunte Stube Ausgangspunkt der Wanderung sein. Die Route führt nun nach Norden, in Richtung Darß. Unterwegs kommt man an einigen schlichten **Künstlerhäusern** vorbei. Auf der Seeseite liegen die ehemaligen Domizile von Körte (Dorfstr. 26), Richter-Lefensdorf (Dorfstr. 30) und Partikel (Dorfstr. 32), auf der Boddenseite die von Elisabeth von Eicken (Dorfstr. 39) und Hegewald (Dorfstr. 41).

Nach knapp 400 m führt die Route rechts in den **Paetowweg**, der leicht bergan zur **Schifferkirche** verläuft, die 1951 errichtet wurde. Im Innern findet man Holzbildarbeiten von Doris Oberländer. Das Pfarramt Prerow bietet Führungen an, zu denen man sich telefonisch anmelden kann (Tel. 038233/68133). Der Schifferfriedhof, auf dem zahlreiche Künstler und einige Seefahrer begraben liegen, ist denkmalgeschützt. Am Paetowweg 2 lag früher das berühmte **Heidereiterhaus**, eine der beiden Hofstellen im alten Ahrensspör.

Ganz in der Nähe findet man weitere Künstlerhäuser: Eva von Pannewitz lebte am Schifferberg 7, Henriette von Choffel im Nachbarhaus (Schifferberg 8), Friedrich Wachenhusen bewohnte Schifferberg 10, Franz Triebsch Schifferberg 11. Auf halber Höhe der Straße stößt der Spaziergänger rechts auf die **Galerie im Dünenhaus**.

Um zum Ahrenshooper Holz zu kommen, geht man zurück zur Schifferkirche und biegt links in den Paetowweg ein, in Richtung Bodden. Am Ende der Straße führt links ein Fahrweg direkt zum Naturschutzgebiet. Linker Hand, ziemlich nah am Weg, befand sich frü-

her eine **Schwedenschanze**, die allerdings erst 1813 angelegt wurde. Am Boddenufer lag die erstmals 1390 erwähnte mittelalterliche Feste von Ahrenshoop. Von ihr ist allerdings nichts mehr zu sehen.
Der Fahrweg, der auch als Radweg nach Born dient, führt direkt zum **Ahrenshooper Holz**. Das Naturschutzgebiet, ein urwaldähnlicher Eichen-Buchenwald, bietet eine Besonderheit: Dort wächst die **Stechpalme**, die Höhen von bis zu 4 m erreicht. Die Stechpalme (lateinisch Ilex) hat lorbeerartige, dunkelgrüne, stachlige Blätter und kommt wegen des milden Klimas vor allem auf den Britischen Inseln vor. An der Ostsee ist Ilex dagegen recht selten. Weil die Halbinsel Fischland-Darß-Zingst aufgrund des großen Einflusses der Gewässer jedoch ein sehr moderates Klima mit wenigen Frosttagen hat, kommt die Stechpalme auch hier gelegentlich vor, im Ahrenshooper Holz sogar als Dickicht. Daneben gibt es noch Vogelbeere, Siebenstern, Adlerfarn und Bergahorn.
Zwei Wege, die südlich und nördlich des Naturschutzgebietes verlaufen, führen zur Landstraße. Nach links erreicht man nach kurzer Wegstrecke Ahrenshoop.

Radtour am Bodden entlang nach Born

Diese Radtour hat zwei Ausgangspunkte – den Hafen in Althagen und den Schifferberg in Ahrenshoop. Vom **Hafen** führt ein feingeschotterter Radweg unmittelbar am Bodden entlang bis nach Born. Er verläuft auf dem Boddendeich, also dicht am Wasser, streckenweise durch Schilfgürtel. Startet man hingegen vom **Schifferberg** im Norden von Ahrenshoop aus, erreicht man zunächst einen breiten landwirtschaftlichen Weg, der zum Ahrenshooper Holz führt. Mehrere Wege zweigen von dieser Straße zum **Boddendeich** ab, dem oben erwähnten Radweg nach Born.
Die Aussicht am Nordufer des **Saaler Boddens** ist atemberaubend: In Richtung Südwest ragt der 6 km entfernte Hohe Ort bei Wustrow auf. In Richtung Südosten erkennt man die flachen **Schilfinseln** der Borner und Neuendorfer Bülten.
Die Landschaft gehört zum Darß, genauer zum Vordarß, der später geschlossenen Verbindung zwischen dem erdgeschichtlich früher entstandenen Altdarß und dem Fischland. Das Land liegt sehr tief, wurde immer wieder überflutet und konnte erst durch den nach der Sturmflut von 1872 gebauten Boddendeich gesichert werden. Kurz vor Born versperrt ein Campingplatz den Weg. Man sollte deshalb kurz davor, am **Schöpfwerk**, nach links ausweichen. Nach rund 500 m biegt man rechts ab, nach kurzer Strecke nochmals rechts – und Born am Koppelstrom ist erreicht.
Born ist eine sehr lang gestreckte Ortschaft. Die Straße Grüne Hufe am Ortseingang eignet sich weniger gut, um das Dorf kennen zu lernen. Am besten, man fährt auf der Nordstraße oder Auf dem Branden durch den Ort.

Radtour durch den Darßer Wald zum Leuchtturm

Die folgende 10 km lange Radtour führt mitten durch den Darß, eines der interessantesten Waldgebiete in Norddeutschland. Unterwegs gibt es keine Restaurants, mit Ausnahme eines Cafés im Natureum Darßer Ort.

Die Route beginnt auf der **Dorfstraße** in Ahrenshoop in Richtung Norden. Am Strandübergang 7 wechselt man am besten die Straßenseite und fährt links auf dem **Landesschutzdeich** (Radweg) weiter. Eine Tafel informiert über den Nationalpark Vorpommersche Boddenlandschaft. Die Route folgt dem Weg nach Norden in Richtung Großer Stern bzw. Leuchtturm (Zeichen: »Leuchtturm«). Nach kurzer Strecke verlässt der Radweg den Deich und schwenkt nach rechts in den Wald, um nach wenigen hundert Metern links in Richtung »Großer Stern« abzubiegen. Am **Großen Stern**, wo fast alle Waldwege auf dem Darß zusammenlaufen, bietet sich eine gute Gelegenheit zur Orientierung und zur Rast.

In der Nähe des Großen Sterns gibt es eine interessante geologische Sehenswürdigkeit, das **alte Meeresufer**. Der Altdarß wurde durch die Gletscher der letzten Eiszeit geschaffen, die vor etwa 12.000 Jah-

Eine Gespensterwelt

»Mit dem Sohn des Bauern Diedrich fuhren wir mit Wagen und Pferd eines Sonntags in den Darß. Es war ein heißer Mittag (...), und der Wald flimmerte im Licht. Ein großer Raubvogel zeigt sich lautlos im Unterholz. Diedrich hielt ihn für den Uhu. Sonst kein Tier zu sehen, auch keine Adler in der Luft. Durch z.T. sehr sandige Wege und Dünen und Wald kamen wir zum Darßer Leuchtturm, tranken dort im Hof (...) bei der Frau eines Leuchtturmwärters Kaffee, bestiegen den Turm und hatten eine sehr ausgedehnte Aussicht nach Wustrow im Südwesten, nach Dänemark im Norden und Hiddensee und Rügen im Osten. Zu Füßen eine mit Krüppelkiefern besäte, interessante Dünenlandschaft. Gegen Abend erfolgte die Rückfahrt; wir sahen auf einer Waldlichtung eine Hirschfamilie, aber sonst weder Wildschweine noch Adler. (...) Der Weg, recht schwer wegen umgestürzter Bäume zu befahren, führte uns hinter die Dünenkette ans Meer. Tiefer Sand ließ die Räder fast bis zur Radnabe einsinken. Ungeheure Strecken Waldes waren von Sturm und Sandtreiben getötet, die noch lebenden Bäume waren in den seltsamsten Formen verkrüppelt, eine Gespensterwelt!«

Frido Witte: Zu Besuch im Fischland; zitiert nach Karl-Ludwig Barkhausen (Hg.): Reisen nach Schleswig-Holstein und Dänemark (1910) und ins Fischland (1934). Hamburg 1996, S. 72f.

ren endete. Der Neu-Darß, der sich im Norden anschließt, entstand dagegen erst vor 2500 bis 3000 Jahren durch den Einfluss der Ostsee. Dazwischen liegt als Grenze das alte Meeresufer, das einige hundert Meter nördlich des Großen Sterns verläuft. Es handelt sich dabei um ein bis zu 8 m hohes Kliff.

Wieder am Großen Stern, geht es auf dem »k-Gestell« in Richtung Leuchtturm (Zeichen: Watvogel). Jenseits des alten Meeresufers beginnt der **Neudarß**, ein durch die stete Abfolge von Reffen und Riegen stark gegliederter Wald. Während auf den etwas erhabenen Strandwällen Kiefern, Buchen, Wacholderbüsche und Zwergsträucher wachsen, trifft man in den Senken vor allem die Erle an.

So interessant der Weg nach Norden auch ist, man sollte unbedingt einmal zum **Weststrand** radeln. Empfehlenswert ist der Müllerweg, der am Raesfeld-Denkmal nach Westen abzweigt. Der Pfad – vor sandigen Strecken sei hier gewarnt – führt mitten durch den urwüchsigsten und einsamsten Teil des Neudarß. Zurück auf dem k-Gestell erreicht man nach knapp 5 km (vom Großen Stern) den Leuchtturmweg (Betonweg), der nach links zum **Natureum Darßer Ort** führt. Dort gibt es Ausstellungen, Aquarien, ein Café und einen Leuchtturm mit guter Aussicht. Im Sommer lädt die Ostsee zum Baden ein.

➢ Ausflugsziel Leuchtturm Darßer Ort

Darßer Weststrand

Am **Weststrand** kann man recht viel unternehmen: Baden (FKK), in der Sonne liegen, am Strand entlang wandern, das Natureum Darßer Ort mit dem einzigen Café weit und breit besuchen, den Leuchtturm besteigen oder eine Wanderung in Richtung Darßer Ort unternehmen. Das Natureum und das Nationalparkamt veranstalten regelmäßig Führungen zum Darßer Ort oder zumindest in die unmittelbare Nähe, denn die Landspitze gehört zur Kernzone des Nationalparks und darf nur auf einem Rundwanderweg betreten werden.

Das **Natureum Darßer Ort**, eine Zweigstelle des Museums für Meereskunde Stralsund, spricht mit seinen Dioramen, den ausgestellten Vögeln und Aquarien besonders Kinder und Jugendliche an. Es informiert anschaulich über die Entstehung des Darß, seine Vegetationszonen, über Flora und Fauna sowie die Naturgewalten. Es erzählt aber auch die schwierige Geschichte dieser Region während des Nationalsozialismus und der DDR-Zeit, als der größte Teil des Darßer Waldes Staats-Jagdgebiet bzw. teilweise als militärisches Sperrgebiet ausgewiesen war.

Letztes Relikt dieser »Sonderverwendungen« ist der 1962 an der Nordseite, unmittelbar östlich des Darßer Ortes, angelegte **Militärhafen**. Nach der Wende wurde er zum zivilen »Nothafen« erklärt. Ein Ärgernis ist die Anlage bis heute, zumal der Hafen regelmäßig mit viel Aufwand freigebaggert werden muss.

Während der DDR-Zeit wurde der Weststrand – wie andere Küstenabschnitte auch – nachts von riesigen Scheinwerfern taghell erleuchtet, um eine Republikflucht zu verhindern. Und nördlich des Leuchtturms, mitten im Dünengebiet, gab es eine kleine Bungalow-Siedlung der Nationalen Volksarmee. Sie wurde 1993 im Auftrag der Nationalparkverwaltung zurückgebaut und die Landschaft der Natur zurückgegeben.

Der über 35 m hohe **Leuchtturm Darßer Ort** wurde Anfang 1849 in Betrieb genommen, um Schiffsstrandungen zu verhindern. Nach dem Schinkel-Leuchtturm auf Kap

Arkona ist er der zweitälteste feste Seezeichenbau zwischen Wismar und Usedom und das älteste in Betrieb befindliche Leuchtfeuer in ganz Mecklenburg-Vorpommern. Die Sehweite des Feuers beträgt 30 km, die Tragweite wird mit 37 km angegeben. Wer die 126 Stufen bewältigt, hat von der (etwas engen) Plattform einen grandiosen **Rundblick**.

Nach Süden hin erkennt man das 12 km entfernte Ahrenshoop sowie das Seeheilbad Graal-Müritz (28 km), am Horizont heben sich das Kraftwerk im Rostocker Hafen und das Hotel Neptun in Warnemünde ab, die etwa 44 km entfernt liegen. Nach Westen erkennt man gerade noch die 37 km entfernte dänische Insel Falster und die Flachküste bei Gedser. Nach Norden sind die Kreideklippen von Mön (53 km) gut zu sehen, nach Osten erstreckt sich die Halbinsel Zingst. Man erkennt nach Südosten den Kirchturm von Barth in 18 km Entfernung, nach Nordosten den Dornbusch auf Hiddensee (42 km). Auch die nähere Umgebung ist einen Blick wert, vor allem der Darßer Ort, der aber nur bei ablandigem Wind aus dem Wasser auftaucht.

Wer von hier aus eine lange **Strandwanderung** unternehmen will, sollte sich nach Süden wenden, in Richtung Ahrenshoop, das etwa 12 km entfernt liegt. Unterwegs kann man die Vielfalt des Strandes, des küstennahen Waldes mit seinen Windflüchtern, vermoorten Strandseen und den verschiedenen Vegetationszonen kennen lernen. Wer stattdessen in Richtung Norden läuft, der kommt nur etwa 800 m weit: Eine hölzerne Schranke versperrt den Weg zum Darßer Ort und lenkt die Besucher landeinwärts, auf einen sehr empfehlenswerten Rundwanderweg.

➢ Am wilden Darßer Weststrand

Informationen:

- Natureum Darßer Ort, Außenstelle des Deutschen Meeresmuseums Stralsund, Leuchtturm, Tel. 038233/304; geöffnet Mai bis Oktober tägl. 9–18 Uhr, November bis April Mi.–So. 11–16 Uhr; Naturführungen Sa. 11 Uhr.

➢ Windgepeitschte Kiefern am Darßer Weststrand

Rundwanderweg Darßer Ort

Was vorweggeschickt werden muss: Der im Folgenden beschriebene Wanderweg eignet sich weder sommers noch winters für Fahrräder. Eine Empfehlung, die Sie unbedingt beherzigen sollten!

Die Route beginnt am Weststrand, etwa 800 m nördlich des Leuchtturms. An der Holzschranke werden die Besucher nach rechts, über die Vordüne, auf einen schmalen, hölzernen Bohlenweg geleitet, der den Beginn des Rundgangs markiert.

Der Kiefernwald ist noch nicht in dieses kuppige Gelände vorgedrungen. Die Strandwälle, die hier zu kleinen Dünen aufgeweht wurden, sind meist bewachsen, auch einige weiße Dünen sind darunter. Unvermittelt geht diese **Kleindünenlandschaft** in ein flaches Gräserfeld über, kurz darauf folgen Ginster, Heidekraut und Zwergkiefern.

➢ Die Stranddistel ist ein wichtiger Dünenbefestiger

Der Darß hält also auch hier wieder einmal Überraschungen bereit. Der erste Beobachtungsstand steht unweit des **Libbertsees**. Von oben kann man den Darßer Ort in der Ferne recht gut erkennen. Der Libbertsee wurde erst in den 50er-Jahren vollständig von der Ostsee abgetrennt, was zeigt, wie schnell der Landzuwachs am Darßer Ort vor sich geht. Der Salzgehalt des Gewässers sinkt ständig. Mit etwas Glück kann man dort Rothalstaucher, Rohrweihe oder Seeadler bei der Jagd beobachten. Eine Tafel erklärt die Entwicklung der weißen Düne über die graue Düne, auf deren Humusschicht Krähenbeere, Heidekraut, Wacholder und Kiefern wachsen, bis hin zur Braundüne, bei der die Vegetation noch weiter fortgeschritten ist.

Im weiteren Verlauf führt der Bohlenweg durch ein junges **Kiefernwäldchen**, das den Libbertsee fast völlig verdeckt. Der zweite Beobachtungsstand des Rundwanderweges ist bald erreicht. In Richtung Norden erstreckt sich jenseits einer Schilfzone der Darßer Ort, linker Hand liegen der Libbertsee und ein zweites Gewässer, rechts erstreckt sich Nadelwald. Vor 160 Jahren war hier noch das Meer. Der Weg führt weiter nach Süden, zuerst durch Nadelwald, dann durch ein Wiesengelände mit einem Wasserlauf. Im angrenzenden Wald erreicht man wieder den **Leuchtturmweg**, der uns an den Ausgangspunkt zurückführt.

Ostseebad Prerow

Aus der Ortsgeschichte

Bevor es das Dorf Prerow gab, existierte bereits »die Prerow« als Wasserlauf zwischen dem Bodstedter Bodden und der Ostsee. Der Name ist slawischen Ursprungs und bedeutet **»Durchbruch«**. Fischerboote fuhren vom Bodstedter Bodden an der Hertesburg und an Krabbenort vorbei und erreichten kurz hinter Hagens Düne die Ostsee. Die Namen gibt es bis heute, doch kein Boot käme heute auf diesem Weg zum Meer, denn **1874**, zwei Jahre nach der großen Sturmflut, ließen die preußischen Behörden beim Bau des Seedeiches auch die Mündung zuschütten. Auch am Hafen, wo die Umgehungsstraße auf einem Damm verläuft, ist der Wasserlauf unterbrochen. Der westlich gelegene Prerowstrom ist heute ein schilfumstandenes Binnengewässer.

Der **Prerowstrom** war von größter Bedeutung für das Dorf. Bei Sturmfluten verlagerte sich mehrfach die Mündung, die in früheren Jahrhunderten viel näher bei der Siedlung Kirchenort gelegen haben muss. De facto bedeutete dies, dass sich der Zingst auf Kosten des Darßes bereicherte. Von Zeit zu Zeit war der Prerowstrom auch für Seeschiffe passierbar, mal konnten auf ihm nur Fischerboote fahren. Störtebeker und andere **Piraten** sollen, zum Ärger der Hansestädte, den Prerowstrom gelegentlich als Schlupfloch benutzt haben. Und bei Sturmfluten war die Mündung ein gefährliches Einfallstor für die Wassermassen der Ostsee.

So wichtig der Wasserlauf für die Prerower seit Anbeginn gewesen sein mag, so hatten sie doch stets vor ihm Respekt. Sie suchten ihre Häuser auf Dünenzügen zu errichten, selbst wenn diese nur ein, zwei Meter hoch waren. Die ersten Bewohner siedelten sich auf dem **Drümpel** an, was soviel wie »Haufen« bedeutet. Die Siedlung war auf einer kleinen Erhebung wie ein Rundling angelegt, umgeben von sumpfigen und moorigen Flächen. Damals gab es östlich des Dorfes am Prerowstrom die **Hertesburg** (»Dat oll Slat«), eine Zollstation der rüganischen Fürsten, die später als Jagdschloss diente, dann vergessen wurde und allmählich verfiel. Wer sich auf der Landstraße von Süden Prerow nähert, der trifft als erstes auf diesen linker Hand liegenden Ortsteil Drümpel. Bereits die Straßennamen Alte Straße, Hirtenstraße und Am Schlaat lassen auf eine alte Siedlung schließen.

Auf der anderen Seite der Landstraße liegt der Kraugbarg oder Krugberg, wo der Schulze einen recht profitablen **Dorfkrug** betrieb: Von allen Kneipen weit und breit zahlte er die höchste Steuer an das Amt Barth. Dritte Siedlung war **Krabbenort**, das ein Stück weiter nordöstlich liegt, unmittelbar am Prerowstrom. Der Name deutet auf ergiebige Krabbenfänge hin. Jenseits des Prerowstroms begann schon der Zingst, der zum

Besitz des Klosters Neuenkamp gehörte. In einer Schleife des Prerowstroms hatten die Glaubensbrüder eine **gemeinsame Kirche** für den Zingst und den Darß errichtet. Sie stand immer am äußersten Westzipfel des Zingsts gegenüber von Prerow – aber eben auf Zingster Gelände. Die Bewohner der Häuser ringsumher hießen »die Zingster Prerower«, die auf der anderen Seite des Wasserlaufs waren »die Darßer Prerower«.

Bei der Sturmflut von 1625 wurden Kirche und Gehöfte zerstört. Wer die Katastrophe überlebte, zog auf die andere Seite des Prerowstroms, doch die Kirche wurde etwas westlich vom alten Standort wieder aufgebaut. Die umliegenden Häuser, die später dort errichtet wurden, heißen bis heute **»Kirchenort«**.

Um den Gottesdienst besuchen zu können, mussten sich die Prerower, Borner, Wiecker und die von Bliesenrade mit der **Fähre** übersetzen lassen. Einen halben Schilling knöpfte der Fährmann jedem Gläubigen dafür ab. Und wenn der Prerowstrom sein flaches Bett verlagerte, erreichte die Fähre nicht mehr die kleinen Landungsbrücken an den Ufern, sodass die Leute

»Luxus neben bitterster Armut«

Wie die Leute in Prerow und in Zingst lebten, davon hat der Chronist August von Wehrs im Jahre 1819 Zeugnis abgelegt: »Die Voll- und Halbbauern des Darßes und des Zingstes verdienen diesen Namen kaum, weil ihre Ackerwirtschaft soviel wie gar nichts bedeutet. Ein Vollbauer hält gewöhnlich vier, ein Halbbauer zwei erbärmliche Pferde, um seinen größtenteils noch erbärmlicheren Acker zu bestellen. (...) Mit den übrigen Einwohnern, die ohne Unterschied, sie mögen nun Schiffer, Steuermänner, Matrosen, Handwerker oder Tagelöhner sein, schlechtweg Einlieger oder Katenleute genannt werden, verhält es sich anders. Bei ihnen sieht man Wohlhabenheit und Luxus neben der bittersten Armut.

Man betritt das Haus eines reichen Schiffers, und wird von der inneren Einrichtung, die oft fast Eleganz zeigt, lebhaft überrascht, indem man hier alles findet, was zu einer wohlhabenden bürgerlichen Haushaltung gehören würde. Im Anfang des Winters, wenn die Schiffer größtenteils von ihrer Fahrt zurückgekommen sind, pflegen Keller und Vorratskammer in den meisten Schifferhäusern gut bestellt zu sein. Unverfälschte französische und spanische Weine, Rum, Porter, Zucker, Kaffee, Tee, Zitronen, Schokolade, holländischer, englischer und schwedischer Käse, Hamburger Rindfleisch usw. werden mit einer seltenen Gastfreiheit den Besuchenden angeboten. (...) Der nächste Nachbar einer solchen wohlhabenden Haushaltung ist vielleicht ein alter und schwacher Matrose, dem das Glück nicht so wohl gewollt hat, der jetzt nicht mehr zur Seefahrt taugt, und sich ... kümmerlich ... ernähren muss.«

➢ Das »Eschenhaus« in der Grünen Straße

auch mal ein paar Meter durch das Wasser waten mussten. Erst 1837 wurde eine hölzerne Brücke angelegt.

Nächste Siedlungsstelle war die Gegend unmittelbar am **Hafen**, wo sich vermutlich »hafennahe« Gewerbe niederließen. Als dort kein Platz mehr war, bauten die Bewohner ihre Häuser auf dem Gelände weiter westlich. Dabei wurden nur die Strandwälle bebaut, die mehr oder weniger alle in westöstlicher Richtung verlaufen. Der Höhenunterschied von ein bis zwei Metern konnte bei einer Sturmflut, wenn Wasser von Norden ins Dorf eindrang, für das Überleben entscheidend sein. Die moorigen, fruchtbaren Senken zwischen den Strandwällen wurden hingegen als Weideland, Garten oder Parkanlage genutzt.

So erklärt sich, dass die Häuserzeilen von Prerow so weit auseinander liegen, vor allem im Vergleich mit Zingst. Es scheint, als hätten die Bewohner zu viel Land gehabt, mit dem sie nichts Rechtes hätten anfangen können. In diesem seit Ende des 18. Jahrhunderts entstandenen Teil von Prerow, der die größte Fläche des gesamten Dorfes einnimmt, siedelten sich vor allem die zu Reichtum gekommenen **Schifferfamilien** an.

Die Familien der Schiffer, wie sich damals die Kapitäne noch nannten, errichteten vor allem in der **Grünen Straße** neue, eingeschossige Häuser, die im Unterschied zu denen in Wustrow aber meist nicht ziegelgedeckt waren. Erst um die Mitte des 19. Jahrhunderts wurden auch diese Häuser stattlicher und aufwändiger gebaut. Ihr besonderes Kennzeichen waren die geschnitzten, bunt bemalten und reich verzierten **Haustüren**. Man-

che schnitzten die Türen in den Wintermonaten zum Zeitvertreib, andere gaben sie der Prerower Tischlerwerkstatt Roloff, deren Markenzeichen die Blumenmotive waren, in Auftrag.
In den 70er-Jahren des 19. Jahrhunderts begann der **Niedergang der Segelschifffahrt**. Weil Landwirtschaft und Fischerei nicht genügend Erträge abwarfen, sahen sich viele Prerower zur Auswanderung gezwungen. Kurz darauf schlug die Geburtsstunde des **Bäderwesens**, das alle Dörfer an der Ostsee erfasste und gute Verdienstmöglichkeiten bot. Die Prerower bauten sich Veranden vor die Häuser oder errichteten neue Gebäude, die wenig mit der althergebrachten Bauweise auf dem Darß zu tun hatten.

Prerow wird Seebad

Prerow war Anfang der 70er-Jahre ein vollkommen unbekannter Ort an der Küste. Erst die großen Schäden der November-Sturmflut von 1872 brachten das Dorf auf dem Darß in die Schlagzeilen. Als Pionier des Badelebens in Prerow gilt der Gastwirt **Hermann Scharmberg**, der 1878 bei der Regierung den Antrag stellte, »betreffend der Einrichtung eines Ostseebades« auf eigene Kosten einen schmalen Badesteg über den toten Arm des Prerowstromes zu bauen, damit die Badegäste leichter an den 5 km langen Sandstrand gelangen konnten. Dem Gesuch wurde stattgegeben, und die Weichen für die Entwicklung Prerows zum Seebad waren gestellt. Für Prerow (und nicht nur für das Dorf allein) bedeutete der neue Erwerbszweig die wirtschaftliche Rettung nach dem Niedergang der Segelschifffahrt. Mit den neuen Badegästen aus Berlin, Hamburg, dem Ruhrgebiet und anderen Großstädten konnte sogar der Abwanderung der Jugend Einhalt geboten werden.
Kamen 1881 ganze 231 Badegäste, zählte man 1885 bereits 675, um 1890 sogar 1000, im Jahre 1900 über 1700, fünf Jahre später waren es 2480 und 1910 schon 3630 Urlauber. Wie überall an der Küste waren die Badezeiten, die Kleidung und die Orte des Badens vorgeschrieben: Damen gingen in die Damenbäder, von denen es eines im Westen und eines im Osten gab, Herren ins Herrenbad und Familien mit Kindern ins Familienbad. Dass es deutlich aufwärts ging, zeigte der Bau des **Warmbades** im Jahre 1895, das bereits 1902 erweitert wurde. Als 1910 die **Darßbahn** von Barth nach Prerow eröffnet wurde, stand der Karriere Prerows als eines der bekannteren Seebäder an der Ostsee nichts mehr im Wege.
Im Jahre 1902 wurde die erste **Seebrücke** errichtet. Wie alle Bauten dieser Art erfüllte sie damals einen bestimmten Zweck: Da es noch keine direkte Zugverbindung gab bzw. Kraftwagen kaum verbreitet waren, reisten die Urlauber per Bahn in einen der größeren Häfen an der Küste und legten die letzte Strecke mit dem Bäderschiff zurück, das an den Seestegen anlegen konnte. Nachdem die erste Prerower Seebrücke durch Eisgang zerstört worden war, baute man –

➢ Historische Postkarte aus der Zeit um 1900

trotz der neuen Bahnverbindung - einen zweiten, größeren Seesteg, der 1942 ebenfalls Opfer winterlichen Eisgangs wurde. Ende der 50er-Jahre bekam das Seebad ein drittes Exemplar dieser Art, das in den 60er-Jahren wiederum durch Eis zerstört wurde. Im Mai 1993 folgte die vierte Seebrücke, ein anerkannt fantasieloser Bau, wie fast alle der heutigen Landestege an der Ostsee. Nach dem Gesetz der Serie sieht sie wohl einem ganz bestimmten Schicksal entgegen ...

Es änderten sich die Zeiten, und es änderte sich das Badeleben. Eine der bemerkenswertesten Erscheinungen ist die **Freikörperkultur** in der DDR-Zeit, die die Urlauber der Obrigkeit in den 50er-Jahren am Strand von Prerow (und auch in Ahrenshoop) hartnäckig, erfindungsreich und mit viel Humor abtrotzen konnten. Eine besonders geschlossene Badekultur entwickelte sich am Campingplatz von Prerow, westlich von Hagens Düne. Es war wohl der freizügigste Strandabschnitt an der ganzen Ostsee, belegt von Freidenkern und Individualisten, die sich hier einen Freiraum erkämpften - und jedes Jahr wiederkamen. Etwas davon ist dort bis heute zu spüren.

Auf Erkundungstour durch Prerow

Wie die Finger einer Hand erstrecken sich die Straßen vom Hafen nach Westen. Im Vergleich mit den »neuen« Wohngebieten im Westen, die ab Ende des 18. Jahrhunderts entstanden, ist das alte Prerow am Hafen, insbesondere der Drümpel, geradezu klein. Hauptstraße von Prerow ist die **Waldstraße**, an der alle wichtigen Geschäfte, das Darß-Museum und die Kurverwaltung liegen. Historisches Zentrum ist jedoch die Gegend um den Hafen. Unser Rundgang beginnt an der **Seemannskirche** in Kirchenort, dem ehemaligen Zingster Ortsteil von Prerow. Das Gotteshaus mit hölzernem Glockenturm wurde 1726/28 im Fachwerkstil errichtet und ist die älteste Kirche auf dem Darß. Bis 1830 wurde das Mauerwerk des Kirchenraumes in Backstein erneuert. Die einzige während der Schwedenzeit errichtete Kirche diente den Seefahrern als **Seezeichen**, das den Weg in den Prerowstrom wies. Der spätbarocke Kanzelaltar (1728) und die Taufkapelle (1740) sind Werke des Stralsunder Bildschnitzers Elias Keßler.

Bereits auf den ersten Blick offenbart sich das Gotteshaus als Seefahrerkirche, vor allem aufgrund der zahlreichen **Votivschiffe**, nach altem Brauch von Seefahrern gestiftet, die aus Seenot gerettet wurden. Ein sehr schönes Modell mit drei Masten, die »Peter Kreft«, stammt von 1780, die »Teutonia« von 1848, die »Germania« von 1855. Das Tafelbild über dem Eingang erinnert an den Schiffer Johann Heinrich Bechel aus Kopenhagen, der am 13. Dezember 1690 vor dem Zingst strandete. Sein Vater stiftete dieses Bild und ließ auf dem oberen Bildrand den Spruch anbringen: »Muß gleich mein junger Leib in tiefer See ertrinken, läßt dieser Anker doch die Seele nie versinken«. In einem Kasten mit historischen Buddelschiffen findet man auch ein Modell der Bark »Apotheker Diesing«, die dem Prerower Kapitän und Schriftsteller Johann Segebarth gehörte. Rings um die Kirche sind alte Grabsteine aufgestellt, der älteste stammt von 1690.

➢ Die Kirche von Prerow ist das älteste Gotteshaus auf dem Darß

➢ Blick in den mit Votivschiffen geschmückten Innenraum der Seefahrerkirche

Der **Friedhof** von Prerow ist außergewöhnlich stimmungsvoll und ruhig. In der Nähe der Pforte liegt das Grab des schon erwähnten **Johann Segebarth** (1833–1919), der 25 Jahre auf seinem eigenen Schiff zur See fuhr. 1870 von den Franzosen in Konstantinopel interniert, las er die Werke Fritz Reuters und begann daraufhin, selbst plattdeutsch zu schreiben. Sein erstes Werk »De Darßer Smuggler«, das über die Schmuggler seines Heimatdorfes Wieck berichtet, wurde mit einem Schlag berühmt.

Vom Friedhof sind es nur wenige Meter bis zum **Hafen**. Auf der Hafenstraße, dann rechts in die Strandstraße, erreicht man schnell die Ortsmitte. Am Beginn der Waldstraße biegt links die **Grüne Straße** ab, eine der schönsten des ganzen Dorfes. Dort stehen die **Schifferhäuser** mit ihren bunten, holzgeschnitzten Haustüren, die meist Blumenornamentik tragen, vielfach aber auch einfache geometrische Verzierungen wie Kreis oder Stern zeigen. Oft haben die eingeschossigen Häuser, von denen viele rohrgedeckt sind, auch Windfahnen und Giebelzeichen.

In der Grünen Straße fällt das rohrgedeckte **»Eschenhaus«** (Nr. 8) von 1779 mit einer schönen Tür von 1840 auf. Dort lebte von 1921 bis zu seinem Tode 1975 der Maler und Grafiker Theodor Schultze-Jasmer, bekannt als »Maler des Darß«. Das Haus Grüne Straße 13 stammt aus der ersten Hälfte des 19. Jahrhunderts, Nr. 16 wurde um 1860 errichtet, Nr. 33 entstand 1872.

Von der Grünen Straße erreicht man auf der Hagenstraße, einer Querverbindung, die **Buchenstraße**, wo ebenfalls schöne Schifferhäuser stehen, darunter die Häuser Nr. 12/14, eine Doppelbüdnerei aus der Mitte des 19. Jahrhunderts, Haus Nr. 20/22 und Nr. 26, das im Jahre 1834 errichtet wurde. Auf der Hagenstraße kommt man zur Waldstraße zurück, linker Hand erreicht man das Darß-Museum Prerow.

Informationen:

- Kur- und Tourismusbetrieb, Gemeindeplatz 1, 18375 Ostseebad Prerow, Tel. 038233/6100, Fax 61020; www.ostseebad-prerow.de

Darß-Museum Prerow

Das Darß-Museum Prerow ist unbedingt einen Besuch wert, informiert das Haus doch nicht nur über die Ortsgeschichte, sondern über den ganzen Darß in allen seinen Aspekten. Gleich zu Beginn bietet es einen erdgeschichtlichen Abriss dieser sehr jungen Landschaft. Auf verschiedenen Zeichnungen und Skizzen lässt sich gut erkennen, dass vor 2000 bis 3000 Jahren dort, wo sich heute Prerow befindet, noch die Ostsee war. Was die »Litorina-Transgression« bedeutet, wo die Inselkerne lagen und wie sie durch die Ablagerungen der Strömungen der Ostsee zusammenwuchsen - hier kann man es erfahren.

Ein großer Teil des Museums ist der **Seefahrt** gewidmet. Zwei Werften gab es noch Anfang der 70er-Jahre des letzten Jahrhunderts, doch aufgrund des Niedergangs der Segelschifffahrt mussten die Betriebe schließen, der letzte zwischen 1884 und 1889. Zeichnungen erklären die charakteristischen

Segelschiffe, die Prerower Schiffer gehörten - zum Beispiel die mit bis zu fünf Mann besetzte Schaluppe, die wegen ihrer hohen Ladefähigkeit beliebte Galeass, die zweimastige Brigg, die sogar auf dem Darß gebaut wurde, den schnellsegelnden Schoner und die Jacht mit ihrem nach vorn gekrümmten Mast, der schönste Schiffstyp unter den kleineren Segelschiffen. Um 1700 waren 13 Darßer Handelsschiffe unterwegs, davon fünf von Schiffern aus Prerow.

Um 1800 transportierten sie vom Darß Holz, Sand, Mohrrüben, Kartoffeln, Bohnen, Getreide, Malz und Salz sowie Fische, Pferde und Gänse in die umliegenden Hafenstädte. Typische Frachten nach Prerow waren Bier, Heringe und Essig, Hanf, Kaffee, Kakao, Tee,

➢ Das Darß-Museum in Prerow

Tabak, Gewürze, Eier und Butter, Porzellan, Eisen, Kohlen, Wollstrümpfe, Petroleum und Mahagoni, das im Schiffbau und in den Schifferhäusern Verwendung fand. Erst im 19. Jahrhundert, nach dem Ende der Napoleonischen Zeit, begann für die Schiffer vom Darß die **große Fahrt**, zunächst in die Nordsee und ins Mittelmeer, dann über alle Meere der Welt.

Zahlreiche Ausstellungsstücke erinnern an **Schiffsstrandungen**, die am Darßer-Ort-Riff und der Prerow-Bank unweit der Küste mit ihren gefährlichen Strömungen recht zahlreich waren. Als zum Beispiel an Heiligabend 1931 nachts um 23 Uhr der Dampfer »Helene« auf Grund lief, wurden Öl- und Benzinfässer, 100 Tonnen Margarine und Stückgut aller Art angespült, sodass der Weststrand einem Warenlager glich.

Weitere Sammelgebiete des Museums sind die Fauna und Flora des Darßer Waldes, das Zeesenboot, die Schwellenhauer auf dem Darß, die Harzgewinnung, Sturmfluten und Küstenschutz - und natürlich die berühmten Holztüren der Schifferhäuser, die nirgendwo so zahlreich und schön sind wie in Prerow.

Informationen:

- Darß-Museum Prerow, Waldstr. 48, 18375 Ostseebad Prerow, Tel. 038233/69750, Mai–Oktober täglich 10–17 Uhr, November–April Mi.–So. 13–16 Uhr

Radtour von Prerow zum Leuchtturm Darßer Ort

Die folgende 5 km lange Route lässt sich bequem mit dem Fahrrad unternehmen, ist aber auch gut als kurze Wanderung von einer Stunde zu bewältigen. Die Route beginnt wahlweise am Hafen oder am **Darß-Museum Prerow**. Vom Hafen gelangt man über die Hafenstraße, rechts ab in die Strandstraße zur Waldstraße (Radweg), wo sich das Darß-Museum Prerow befindet. Man kann sich dort ausgezeichnet über die interessante Geschichte von Prerow und des Darßer Waldes informieren. Weiter auf der Waldstraße gelangt man nach rechts in den Bernsteinweg. An der Kreuzung Bernsteinweg/Villenstraße beginnt links der Waldweg zum Leuchtturm (Markierung »Leucht-

turm«). Den nahe gelegenen Kutschenweg sollte man nach Möglichkeit meiden, weil er sandig und ausgefahren ist.
Der Radweg führt uns quer durch den **Neudarß**, eines der interessantesten Waldgebiete in Norddeutschland. Die Richtung nach Westen bringt es allerdings mit sich, dass man nur wenige der verschiedenen Vegetationszonen kennen lernt, die sich im Norden des Neudarß von Nordwest nach Südost erstrecken. Zwei Vegetationsgruppen können wir während unserer Tour jedoch ausmachen: Das erste (recht kurvige und wellige) Drittel der Wegstrecke führt durch einen kargen **Dünenkiefernwald**, in dem auf sandigem Boden Heidekraut und Blaubeeren wachsen. Unterwegs kann man gut die Strandwälle erkennen, die hier an einigen Lichtungen zu kleinen Binnendünen aufgeweht worden sind. Die winkelartigen Einkerbungen an den Stämmen der hohen Kiefern sind Spuren der Gewinnung von **Harz**, aus dem noch in der DDR-Zeit u.a. Kolophonium und Terpentinöl hergestellt wurde. Ein Stück weiter stehen Krüppelkiefern. Die oft krumm und schief gewachsenen Stämme sind Ergebnis des sehr nährstoffarmen Bodens und des stetigen Windes.
Nach etwa 1,5 km wechselt der Radweg auf die andere (südliche) Seite des breiten Kutschenweges. Wie auf dem Reißbrett geplant, beginnt hier eine völlig andere **Vegetationszone** mit Eichen, Buchen, Linden, Birken und Blaubeeren. Der Boden ist viel fester, fruchtbarer und feuchter, Strandwälle gibt es keine. Das letzte Drittel der Radtour führt auf einem ausgebauten **Betonplattenweg** bis zum Leuchtturm Darßer Ort.

➢ Spuren der Harzgewinnung an einer Kiefer

Von Prerow nach Zingst

Vom Nordstrand, zum Beispiel von der Seebrücke aus, bietet sich eine gute Gelegenheit, nach Zingst zu radeln. Auf dem unmittelbar nördlich des Prerowstroms verlaufenden Deich mit seinem Rad- und Fußweg radelt man in Richtung Osten, biegt vor Kirchenort links ab und passiert die rechter Hand gelegene Siedlung. Hier lohnt ein Abstecher zur schönen Seefahrerkirche mit ihrem beschaulichen Friedhof.

➢ Die Hohe Düne bei Zingst

Kurz darauf erreicht man die **Hohe Düne**, den etwa 13,7 m hohen markanten Aussichtspunkt mit Blick auf den Ostseestrand und den nahen Prerowstrom. Westlich dieser Stelle - Höhe Bernsteinweg - floss früher der Prerowstrom in die Ostsee, wobei aufgrund der besonderen Strömungsverhältnisse an dieser Stelle mehr Sedimente abgelagert als abgetragen wurden. Der Sand wurde aufgeweht, und es entstand ein kleines Sandgebirge, das heute eine Höhe von 13,7 m erreicht hat.

Parallel zur Landstraße verlief die 1910 eröffnete **Bahnlinie Barth–Prerow**, die 1945 als Reparationsleistung an die Sowjetunion abgebaut werden musste. Der erhalten gebliebene Bahnhof Prerow steht nahe der Landstraße, unweit des Hafens, und ist jetzt eine Gaststätte mit Hotelbetrieb. Kurz darauf entfernt sich der Prerowstrom vom Seedeich und strebt dem Bodstedter Bodden zu. Die schilfbestandene Wasserlandschaft ist ein Teil der reichen Vogelwelt des Zingstes, der hier beginnt.

Auf halber Höhe des Prerowstroms, auf Zingster Seite, erhebt sich der baumbestandene Rest der **Hertesburg**, einem Burgwall, der von den rüganischen Fürsten im 13. und 14. Jahrhundert als Zollstation genutzt wurde. Später stand dort ein Jagdschloss.

Weiter auf dem nach der Sturmflut von 1872 angelegten Seedeich erstreckt sich bald darauf rechter Hand der **Freesenbruch**. Die Landstraße schwenkt nach Süden, der Meiningenbrücke und Barth entgegen. Der Radweg dorthin verläuft zu einem großen Teil auf dem alten Damm der Darßbahn. Unsere Route führt jedoch geradeaus, direkt zur Seebrücke von Zingst, die bald erreicht ist.

Radtour von Prerow nach Wieck und Born

Nach Wieck und Born führt ein Radweg, der jedoch erst 300 m südlich des Hafens links (östlich) von der Landstraße abbiegt. Die Route führt durch die tischebene Landschaft des Prerowstroms immer geradeaus bis zum Hausstättenberg, schwenkt dort nach Süden und erreicht nach gerader Strecke eine kleine Siedlung mit dem Jagdhaus - die ersten Häuser von Wieck.

Der Radweg schwenkt nun nach Westen und führt auf den Straßen Nordkaten, Bauernreihe und Müggenberg mitten hinein in das Boddendorf Wieck. In der Nähe des Hafens (Segebarth-Weg) beginnt ein landschaftlich sehr reizvoller Radweg am **Bodstedter Bodden** entlang nach Born. Rechter Hand liegen die Stoeckwiese, das Bliesenrader Moor und das Bliesenrader Gehölz. Der Radweg biegt vor der Landspitze Bliesenrade nach rechts ab, erreicht eine Straße, auf der wir uns wieder rechts halten. Von dieser schmalen Straße zweigt kurz darauf links der Radweg nach Born ab. Bald ist die **Chausseestraße** erreicht, die den Besucher bis zur Dorfmitte von Born führt.

Als Rückweg empfiehlt sich wegen des starken Verkehrs auf der radweglosen Landstraße dieselbe Strecke.

Schmugglernest Wieck

Im 19. Jahrhundert wurde zwischen dem preußischen Pommern und dem mecklenburgischen Fischland ein reger Schmuggel getrieben. Die Grenze verlief damals von der Recknitzmündung durch den Bodden nach Ahrenshoop. Hauptsitz der Schmuggler war Wieck. Sie fuhren nachts durch die beiden Engpässe bei Bliesenrade und bei den Borner Bülten südlich von Born. Dort lagen oft Zöllner und Gendarmen auf der Lauer. Aber man hatte vorgesorgt: Ortskundige signalisierten mit Laternen von der Borner Mühle, ob die Luft rein war. Nach dem Beitritt Mecklenburgs zum **Deutschen Zollverein** im Jahre 1868 war Schluss mit dem Schmuggelwesen.

Wieck

»De Wiecker die Schlieker, de hungrigen Gäst, dei fräten de Borner all Eier ut Nest«, so lautet ein altes Sprichwort. Unter den Darßdörfern wird den Wieckern also die Rolle der »armen Schlucker« zugedacht. Das mag auch der Grund dafür sein, dass die Bewohner als etwas kauzig und misstrauisch gelten - aber man soll nicht alles glauben ...

Wieck ist, ähnlich wie Born, in einer Bucht am Bodden gelegen. Im Süden ragt Bliesenrade vor, im Norden der Fastbültenhaken. Der Name Wieck bedeutet denn auch nichts anderes als **»Bucht«**. Auch in Wieck lebten die Bewohner von Landwirtschaft, Fischerei und Segelschifffahrt. Im Jahre 1725 gab es im Wiecker Hafen sogar mehr Segelschiffe als in Barth. Auch eine **Werft**, auf der die Fischer im Ort Boote bauen und reparieren ließen, soll es gegeben haben. Östlich des Dorfes lebte in einem Jagdhaus der herzogliche Jagdaufseher, es gab ferner einen Krug und die einzige **Schmiede** auf dem ganzen Darß, in der die Schlittschuhe für die Boddenfischer gefertigt wurden.

Wieck hatte einen großen Jahrmarkt, der besonders zur Blütezeit der Segelschifffahrt lebhaft besucht wurde, als es den Dorfbewohnern wirtschaftlich gut ging. Mit dem Niedergang der Segelschifffahrt in den 70er-Jahren des 19. Jahrhunderts fiel der Ort jedoch in größte Armut zurück.

Wieck kennen zu lernen, ist nicht ganz leicht. Der **Tourismus**, nur gering entwickelt, ist eine Angelegenheit für Kenner und Individualisten, die sich gerade in einem abgelegenen Dorf wie Wieck erholen möchten. Hauptstütze des Tourismus ist das Hotel-Restaurant »Haferland«, wichtigste Attraktion für Besucher das in der Dorfmitte gelegene Nationalpark- und Gästezentrum, die **»Darßer Arche«**. In einer modernsten Ansprüchen genügenden Ausstellung erfährt der Besucher alles Wissenswerte über den Nationalpark Vorpommersche Boddenlandschaft.

Alte Bauten sind in Wieck nur wenige erhalten, zuallererst ist die **Doppelbüdnerei** aus dem Jahre 1784 am Trommelplatz 1 zu nennen, ferner einige alte Fischerhäuser in der Bauernreihe (Nr. 4 und 14).

Informationen:

- Kur- und Tourist-GmbH Darß, Kurverwaltung Wieck, Bliesenrader Weg 2, 18375 Wieck, Tel. 038233/201, Fax 497; www.entdeckemv.de/wieck.htm

Radtour zum Großen Stern im Darßer Wald

Vom Restaurant und Eiscafé Lange in der Ortsmitte fährt man auf der Straße Nordseite zur Landstraße, überquert diese vorsichtig und fährt auf der anderen Seite geradeaus weiter. Bald darauf ist der Altdarß erreicht. Am Peters Kreuz, am so genannten **g-Gestell**, kann man links nach Born weiterfahren, nach rechts führt der Weg nach Prerow. Wir halten uns aber weiter geradeaus und erreichen den **Großen Stern**, wo sich mehrere Wege kreuzen.

Noch befindet man sich auf dem Altdarß, aber das ehemalige Meeresufer ist nicht weit. Das alte Kliff, wo die Landschaft abrupt von sechs bis acht Metern Höhe auf einen Meter abfällt, verläuft eine kurze Strecke weiter nördlich schräg (von Nordost nach Südwest) durch den Wald.

Von hier aus lassen sich mehrere Touren unternehmen: nach Norden zum Leuchtturm Darßer Ort oder zum Strand im Westen. Die einsamste Gegend des Strandes erreicht man, wenn man auf der Route Richtung Leuchtturm bis zum **Raesfeld-Denkmal** fährt und dort links in den Müllerweg einbiegt. Mit sandigen Wegstrecken sollte man rechnen.

Born

Man macht sich heute keine Vorstellung davon, wie abgelegen die Dörfer auf der Halbinsel Fischland-Darß-Zingst einst waren. Wenn bereits Wustrow für Reisende schwer erreichbar war und Ahrenshoop am Ende der Welt lag, wie fern von allem waren dann Born und Wieck! Noch um die Mitte des 20. Jahrhunderts gab es keine befestigte Straße von Ahrenshoop zu den Boddendörfern. Die **Darßbahn** fuhr erst 1910 nach Prerow (und wurde 1945 als Reparationsleistung abgebaut); die Straße von Ribnitz endete in Ahrenshoop. Wer also nach Born und Wieck wollte, musste von Prerow und Ahrenshoop aus zu Fuß gehen. Bei trockener Witterung bedeutete das mindestens zwei Stunden Fußweg, bei Sturm und Regen aber war wegen des sumpfigen Geländes kein Durchkommen möglich.

Abgelegen und fern von allem, wie die Dörfer waren, musste sich bei den Bewohnern eine besondere Mentalität herausbilden. Im Grunde sind die Borner wie die Wiecker ein bisschen kauzig und sonderlich, etwas auf sich bedacht, Fremden gegenüber freundlich, aber doch distanziert. Wer zugezogen ist, gehört auch nach 50 Jahren noch nicht dazu. Ein Borner muss in Born geboren sein.

Born ist ein altes Dorf. Der Name ist slawischen Ursprungs und bedeutet **»Föhrenwald«**. Die Pommernherzöge unterhielten am Bodden ein Jagdhaus, zu dem großer Landbesitz gehörte, der später **»königlicher Hof«** genannt wurde. Auch einige bäuerliche Gehöfte hat es damals gegeben. 1325 gehörte der Hof der Stadt Stralsund, 1395 dem Kloster Neuenkamp. Um 1530 gab es ganze zehn Bauern in Born. Die Böden waren gut, zudem war das Dorf durch den Darßer Wald vor westlichen Winden geschützt. Wer nach Barth oder Ribnitz wollte, ließ das Fuhrwerk stehen und nahm den Kahn über den Koppelstrom nach Fuhlendorf oder Bodstedt – oder fuhr gleich die ganze Strecke auf dem Wasser.

1635 nahm der schwedische Reichskanzler Axel Oxenstierna den Hof in Born »in persönlichen Schutz«. Der Hegereiter oder Landjäger, der dort seinen Dienst versah, wurde zum Oberförster erhoben. Um 1780 war das Haus der Oberförsterei am Ende und brach zusammen. An derselben Stelle baute man ein neues Forsthaus, das bis heute existiert. In den 70er-Jahren des vergangenen Jahrhunderts wurde die Staatsjagd Born gegründet und erhielt ein neues Dienstgebäude im Darßer Wald, in dem seit 1990 die **Verwaltung** des Nationalparks Vorpommersche Boddenlandschaft untergebracht ist.

Über die Darßdörfer gibt es ein bekanntes Sprichwort: »Die Prerower haben den Strand, die Wiecker den Sand und die Borner das Land.« Die Äcker und Weiden um Born sind tatsächlich die besten auf dem ganzen Darß. Die Bewohner trieben zwar Seefahrt wie die Prerower und Wiecker – Born war während der Zeit der Segelschiff-

➢ Typisches Fischerhaus in Born

fahrt sogar das reichste Dorf auf dem Darß – und doch blieben sie stets auch Bauern. Durch die **Landwirtschaft** konnten sie die harten Folgen des Niedergangs der Segelschifffahrt gut auffangen. Wieck verarmte, für Prerow ergab sich die Rettung durch das Badewesen, doch in Born trieb man Landwirtschaft wie eh und je. Erst in den 30er-Jahren unseres Jahrhunderts öffnete sich das Dorf dem **Urlaubswesen**. Heute sind die Touristen auch in Born die Haupteinnahmequelle.

Wer gutes Land hat, baut größere und geräumigere Höfe, der sorgt für Giebelverzierungen und Hausschmuck. Das ist auch in Born der Fall gewesen, allerdings entdeckt der Besucher die schönsten Häuser erst recht spät, denn Born ist ein Dorf, das sich erst auf den zweiten oder dritten Blick offenbart. Die Lage am Bodden, abseits der Landstraße, ist ein Grund dafür, der verschachtelte und verwinkelte Verlauf der Dorfstraßen ein anderer. Wer sich nicht auskennt, kommt nie am Dorfplatz mit der Linde an, sondern fährt immer durch Seitenstraßen. Denn im Westen wurden mehrere haufendorfartige Siedlungen auf höheren, trockenen Binnendünen errichtet. Nur im Osten, längs der Chausseestraße, fällt die Orientierung leichter: Nordstraße, Schulstraße und Chausseestraße folgen mehr oder weniger dem Verlauf des nahen Boddenufers.

Die schönsten **Häuser** in Born muss man suchen und sich erwandern: Die ältesten stehen an der Nordstraße im westlichen Teil, darunter die ehemalige Büdnerei Nr. 29 aus der ersten Hälfte des 19. Jahrhunderts. Alte **Fischer-**

häuser findet man besonders in der Chausseestraße, zum Beispiel die Häuser 17 und 45 aus der Mitte des 19. Jahrhunderts, außerdem die Häuser 54, 58 und 79. Sie folgen alle demselben Bautyp: massiv oder aus Fachwerk gebaut, rohrgedeckt, die Dächer leicht abgewalmt, mit der Traufe zur Straße, fünf Achsen (Tür und vier Fenster), in der Mitte die Haustür – Platz für zwei Fischerfamilien.

In der Chausseestraße 64 findet man auch die ehemalige **Oberförsterei**, eine Hofanlage mit mehreren Gebäuden, das (stark veränderte) Wohnhaus stammt von 1771. Von dieser Stelle aus, wo einst das Jagdhaus der pommerschen Herzöge stand, nahm die Besiedlung von Born ihren Anfang. Born hat auch eine kleine **Kirche**: Sie wurde 1934/35 von dem Hamburger Architekten Bernhard Hopp errichtet und steht im Norden, im Winkel der Straßen Am Wald und Im Moor. Weitere Attraktionen des Ortes sind das **Forst- und Jagdmuseum** sowie eine kleine Informationsausstellung des Nationalparkes, die beide einen Besuch wert sind. Sehr beliebt bei Urlaubern und Gastronomen ist ferner die Wildverkaufsstelle im Wald auf dem Wirtschaftshof des Nationalparkamtes.

Am **Mühlenberg** im äußersten Süden steht noch der Torso einer Mühle, die in der Geschichte von Born eine besondere Rolle spielte: Als im 19. Jahrhundert ein reger Schmuggel zwischen dem preußischen Pommern und dem mecklenburgischen Fischland getrieben wurde, gaben die Borner den eifrig schmuggelnden Wieckern von hier aus Lichtsignale, ob die Luft auch wirklich rein war.

➢ Abendstimmung am Bodstedter Bodden

Informationen:

- Kur- und Tourist-GmbH Darß, Kurverwaltung Born, Chausseestr. 75, 18375 Born, Tel. 038234/50421, Fax 50431; www.entdeckemv.de/born.htm
- Informationsausstellung Born auf dem Gelände der ehemaligen Oberförsterei, Ausstellung »Darßwanderung«, ganzjährig Fr.–Mo. 10–16 Uhr

Spaziergang nach Bliesenrade

Die langnasige Landspitze nordöstlich von Born gehört zu den stillsten und einsamsten Gegenden des Darß. Die Bewohner dort sehen nach Wieck hinüber und haben auch Born gut im Blick, sie sehen auf dem anderen Boddenufer Fuhlendorf und Bodstedt. 1380 erstmals erwähnt, gehörte der Platz mal zu Born, mal zu Wieck, zeitweise lag er sogar wüst. 1729 traute sich ein Müller dorthin und mahlte fast 30 Jahre lang einsam das Korn der Bauern.

Erst **1757** kamen die ersten Neusiedler, zehn Jahre später waren es 29 Einwohner, darunter der Fährmann, der regelmäßig von Bliesenrade nach Bodstedt fuhr. Bis zum Bau der Darßbahn 1910 nahm die Post für den Darß genau diesen Weg. Um das Jahr 1830 lebten dort wieder 15 Büdner (Kleinbauern), es gab drei Häuslerstellen.

Heute stehen dort ein paar Wochenendhäuser, ein paar ehemalige Höfe und aufgegebene Ferienlager aus DDR-Zeiten, mehr nicht. Selbst zur Hochsaison ist es dort noch ruhig. Nichts erinnert mehr daran, dass hier einmal die Fähre von Bodstedt zum Darß verkehrte und dass gerade hier die Borner, Wiecker und Prerower ihre ausgelassensten Feste gefeiert haben.

Man erreicht **Bliesenrade**, indem man am äußersten Ende der Chausseestraße im Osten von Born, bei Haus Nr. 2, rechts auf den Radweg nach Wieck abbiegt, auf dem man stets geradeaus geht. Auch kurz vor Bliesenrade, beim Abzweig des Radweges links nach Wieck, halte man sich immer geradeaus.

Bliesenrade hat eine Fortsetzung, die aber nicht in der Verlängerung der Landspitze verläuft, sondern nach Süden. Sie heißt **Nadelhaken**, ist der Rest eines früher viel größeren Überflutungsmoores und bildet zusammen mit den Jägerbülten weiter südlich den **Nadelstrom**, die schmalste Durchfahrt zwischen Koppelstrom und Bodstedter Bodden.

Der Zingst

Landschaftliches

Zwanzig Kilometer erstreckt sich die Halbinsel Zingst, oft nur »der Zingst« genannt, vom Prerowstrom im Westen bis nach Pramort im Osten. Das sehr flache Gelände besteht aus mehreren **Inselkernen** (Ostzingst, Westzingst), die im Verlauf von einigen Jahrtausenden aufgrund strömungsbedingter Ablagerung von Sedimenten zusammenwuchsen. Von den einst ausgedehnten **Waldgebieten** mit großem Eichen- und Buchenbestand sind nur das Mischwaldgebiet des Freesenbruchs im Westen und der Osterwald/Forst Sundische Wiese im Osten erhalten, der überwiegend aus Nadelbäumen besteht.

Der größte Teil der Halbinsel ist heute **Grünland**, vor allem im östlichen Teil der Insel. Bemerkenswerterweise bedeutet das slawische Wort Zingst **»Heu«**, obwohl zur Zeit der Slawen der Wald noch dominierend gewesen sein muss: Mag sein, dass auf der unbewohnten Insel damals nur Heu gemacht wurde.

Bis 1874 war der Zingst eine Insel. Durch die große Sturmflut von 1872 versandete der Prerowstrom, der zwei Jahre später zugeschüttet und mit einem **Seedeich** gesichert wurde. Damit war Zingst zur Halbinsel geworden. Doch es gab noch eine zweite Verbindung zwischen Ostsee und Bodden. Mitten durch den **Pussik**, wie die östlich des Dorfes Zingst gelegene Flur heißt, verläuft die **Alte Straminke**, ein ehemaliges Seegatt. Mal war die Verbindung offen, sodass das Wasser der Ostsee den Bodden erreichte, mal war sie versandet und unpassierbar; feucht und sumpfig war der Platz immer. Heute steht dort die **Mutter-und-Kind-Kurklinik** »Neue Straminke«, deren Gäste sich vor Sturmfluten nicht mehr fürchten müssen.

Im Süden der Halbinsel Zingst liegen am Zingster Strom die **Inseln Kirr und Oie**. Je nach Wasserstand und Jahreszeit stehen sie mal fast ganz, zeitweise halb oder auch gar nicht unter Wasser. Auf dem Großen Kirr gab es früher die Gehöfte Groß Kirr und Klein Kirr, letzterer wurde bis vor wenigen Jahren als Ferienheim genutzt. Die Inseln sind wichtig für den **Vogelschutz**, sie dürfen nicht betreten werden.

Die Agrargesellschaft Zingst darf die Insel Kirr für ihre ökologisch anerkannte Mutterkuhhaltung als **Weideland** nutzen. Es ist im Frühjahr und Herbst jedes Mal ein großes Schauspiel, wenn hunderte Rinder mit Prahmen übergesetzt werden. Man könnte die Kühe auch durch das flache Wasser treiben, doch will man den Tieren nicht zeigen, dass sie im Prinzip schwimmen können: Sie könnten sonst allzu unternehmungslustig werden. Das Fleisch der Rinder, die vom Frühsommer bis in den Herbst auf dem Großen Kirr weiden, ist in ganz Deutschland erhältlich und wird auch für Babynahrung verwertet. An keinem anderen Ort der deutschen Ostseeküste existiert eine derart große Vielfalt von teilweise vom Aussterben bedrohten Vogelarten.

Pramort markiert das äußerste Ende der Halbinsel Zingst. Während fast die gesamte nördliche Küste ab der Seebrücke Prerow bis zum östlichen Teil von Zingst dem Prozess der Abtragung unterliegt, so zeigt die Ostspitze doch unverkennbar eine Hakenbildung - ähnlich wie am Darßer Ort, nur kleiner und ständig behindert durch die Strömung zwischen der Landspitze und dem Großen Werder.

Alte Berichte und Sagen wollen von einer festen Landverbindung mit **Hiddensee** wissen, die bei der Sturmflut vom November 1304 unterbrochen wurde. Noch heute ist erkennbar, dass die Inseln Großer und Kleiner Werder, der Bock und die Südspitze Hiddensees landschaftlich zusammenhängen. Es kann also nicht verwundern, dass die 1660 eingetroffenen Bewohner von Pramort früher regelmäßig die Kirche von Neuendorf auf Hiddensee besuchten.

Von Wald und Wiesen

Der **Osterwald**, das größte Waldgebiet auf dem Zingst, besteht historisch aus den Forsten Straminke, Osterwald und Sundische Wiese. Aufgrund intensivster Nutzung - Holzeinschlag, Waldweide und Torfabbau - macht dieser Wald einen etwas buntscheckigen Eindruck: Da gibt es zwar wunderschöne Baumveteranen, zum Beispiel uralte Buchen, auch die für einen Moorwald typischen Baum-

➢ Landschaft bei Pramort, dem äußersten Ende der Halbinsel Zingst

arten wie Moorbirke, Stieleiche und Erlen findet man recht häufig, doch die standortfremden Nadelgehölze machen sich sehr bemerkbar. So ist das langfristige Ziel der Nationalparkverwaltung auch hier, einen **Mischwald** aufzubauen. Noch immer sind die alten Narben der entwässerten und abgetorften Moorgebiete erkennbar, vor allem der verbreiterte Grenzgraben, auf dem die Stadt Stralsund bis zum Beginn des Jahrhunderts Torf abfahren ließ.

Mitten im Wald gibt es das so genannte **Dreiländereck**, wo die Besitzungen von Barth, Stralsund und dem Kloster Hiddensee aneinander grenzten. Um die Aufteilung der Ländereien hat es viel Streit gegeben, daher die zentnerschweren Grenzsteine mit dem stilisierten Strahl der Stadt Stralsund mitten im Walde, die die Zeit vom Beginn des 14. Jahrhunderts bis heute überdauert haben.

Jenseits des Osterwaldes beginnen die **Sundischen Wiesen**. Der Name ist von dem früheren Eigentümer abgeleitet, der Stadt Stralsund, die diese »graswüchsige Steppe« vom Beginn des 13. Jahrhunderts bis 1902 besaß. Wer heute mit dem Fahrrad auf der Betonstraße durch die Sundischen Wiesen nach Osten radelt, kann sich kaum vorstellen, dass diese einsame Landschaft früher einmal besiedelt war.

Historisches

Die **Besiedlung** des Zingstes setzte Ende des 13. Jahrhunderts ein, nachdem Fürst Wizlaw II. von Rügen, der zum christlichen Glauben übergetreten war, 1296 die Halbinsel Zingst an das Zisterzienserkloster von Neuenkamp verkauft hatte. Die Klosterfiliale auf Hiddensee übernahm die Bewirtschaftung. Die Mönche warben deutsche Siedler an, Holsteiner und Niedersachsen, die sich auf dem Zingst und auch auf dem Darß niederließen.

Die ersten Bewohner gründeten den Ort **Müggenburg**, obwohl der Boden hier außer Heu und Torf wenig hergibt. Dementsprechend langsam entwickelte sich die Siedlung, und so recht auf die Beine ist sie nie gekommen. Später wurde die schmalste Stelle der lang gestreckten Halbinsel, zwischen dem Freesenbruch im Westen und der Alten Straminke im Osten, zum bevorzugten Ziel der Neusiedler. Die Bauern und Fischer bauten ihre Häuser zwar in gehörigem Abstand zum Strand der Ostsee, doch bei **Sturmfluten** brachen die Wellen oft genug vom Norden zum Bodden durch.

Der Vorteil des Ortes lag jedoch auf der Hand: Die Alte Straminke, die früher offen war, bot kleinen Schiffen die Möglichkeit zur Durchfahrt in die Ostsee. Und durch den Zingster Strom im Süden, zwischen dem Dorf und den südlich gelegenen Inseln Kirr und Oie, konnten die Fischer und Seefahrer sowohl in den Barther Bodden nach Osten als auch in den Bodstedter Bodden nach Westen fahren. Es klingt unglaublich, doch dort lebten im Dörfchen **Straminke** im Jahre 1532 fünf Bauernfamilien, ungeachtet der großen Gefahr bei Sturmfluten. Der Orkan von 1625 verschlang vermutlich alle Häuser. Um 1696 gab es dort wieder einen Hof, 1767 lebten hier 33 wagemutige Menschen.

Die **Bevölkerung** nahm in diesem abgelegenen Teil Pommerns, abseits der Fernhandelswege, nur langsam zu. Im 16. Jahrhundert zählte man lediglich rund 500 Menschen auf dem Zingst und dem Darß. Im Verlaufe des **Dreißigjährigen Krieges** zogen kaiserliche und schwedische Truppen mehrmals mordend und sengend über diesen Landstrich, die Bevölkerung nahm um ein Drittel ab. Schweden, das sich mit dem Westfälischen Frieden von 1648 Pommern einverleiben konnte, wollte aus steuerlichen Gründen wissen, wie es um das neue Besitztum »Schwedisch-Pommern« stand und ließ das Land mit größter Akribie vermessen. Die schwedischen **Matrikelkarten** der Jahre 1692 bis 1698 liefern denn auch die genauesten Beschreibungen der Landschaft für die späte Neuzeit. Erst im 19. Jahrhundert sollte die preußische Regierung genauere topografische Karten herstellen lassen.

An der Ostseite des Osterwaldes lag das Dorf **Sundische Wies**e. Die schwedischen Landvermesser zählten 1696 knapp 80 Bewohner im Dorf und auf den sich östlich anschließenden Höfen einschließlich Pramort. Etwa 15 Pachthöfe zählte man damals verstreut auf der acht Kilometer langen, einsamen Wiesenlandschaft. Ein geregeltes Dorfleben konnte sich da nicht entwickeln, auch wegen der harten Lebensbedingungen und der oft wechselnden Pächter. Ganz im Osten lag die **Fährstelle Pramort** mit ein paar Häusern. Erst im Jahre 1660 hatten sich dort Menschen angesiedelt.

Schwarze Katen hinter Dünen

Bei einem Besuch im November 1831 notierte Friedrich von Suckow aus Stralsund: »Als ich verzweiflungsvoll umherblickte, gewahrte ich einen schwarzen Katen hinter der nächsten Düne, und nicht weit davon ragte aus einem verkrüppelten Eichenhain ein Hüttchen hervor (...) Es gehört wirklich viel Resignation dazu, auf dieser Erdscholle nicht zu verzweifeln. Der Fleck Landes, zwischen dem Binnenwasser und dem wilden Meer gelegen, hängt nur wie am seidenen Faden mit dem eigentlichen Zingst zusammen, denn er ist auf den zwei schmalsten Stellen nicht breiter als höchstens hundert Schritt. In jeder Sturmnacht muss man fürchten, mit Maus und Mann im Abgrund des Meeres begraben zu werden (...) Die größten Eichen verschlingt die wilde See; ein alter Obstgarten, an die Jägerei gehörend, ist bis auf die letzte Spur verschwunden, und wo noch vor 40 Jahren das alte Jägerhaus mit dem Backofen stand, gehen jetzt Schiffe und fängt man Heringe.«

TITANI

ZID-004

So ist es fast ein Kuriosum, dass in den Jahren vor dem Ersten Weltkrieg ausgerechnet die Sundischen Wiesen zum **Spekulationsobjekt** hochgespielt wurden. Der Reigen begann mit Baron von Klot-Trauvetter, der von einem romantischen, meerumbrandeten Herrensitz träumte. In der Neujahrsnacht 1903/04, als bei einem Orkan die Deiche bei Pramort zu brechen drohten, ging sein Traum unter: Panikartig verließ er die Halbinsel, und hastig trennte er sich von seinem Landbesitz.

Neuer Eigentümer wurde Graf von Eulenburg, der aufgrund guter Verbindungen zum Hof in Berlin von Plänen gehört hatte, wonach die schwer zu unterhaltende Schwedenfähre von Saßnitz auf Rügen nach Barth verlegt werden sollte. Für dieses Projekt sollte die Alte Straminke wieder geöffnet werden. Der Graf ließ Müggenburg aufkaufen, um noch näher am geplanten Durchbruch zu sein. Doch der Erste Weltkrieg machte ihm einen Strich durch die Rechnung.

Dann wollte der Zeitungsverleger Rudolf Mosse aus Berlin auf den Sundischen Wiesen **Nesselplantagen** für die Papierherstellung anlegen. Woraus aber nichts wurde, denn Nesseln sind nicht nur dem Namen nach Schattengewächse – sie brauchen wirklich Schatten. In der Folge verödeten die Höfe auf den Sundischen Wiesen. Nächster Eigentümer war der Großaktionär **Hugo Stinnes**, der den Osterwald systematisch abholzen ließ. Der Reigen der Spekulanten nahm zwar 1923 ein Ende, doch das kühne Siedlungsprojekt der Berliner »Neuland AG« scheiterte ebenfalls. 1937 bestimmte Nazideutschland die Sundischen Wiesen bis Pramort zum **Luftwaffen-Übungsplatz**, das Gelände musste noch im Sommer des Jahres geräumt werden. Nach 1945 war für einige Jahre Ruhe, dann richtete die DDR zwischen Osterwald und Pramort einen Truppenübungsplatz ein.

Im Januar 1964 entstand das Volkseigene Gut Zingst (VEG), das sich der industriemäßigen Grünfuttergewinnung sowie der Rinderaufzucht widmete und den südlichen Teil der Sundischen Wiesen bewirtschaften konnte. Der Neubeginn war schwierig, denn es mussten etwa 14.000 Bombenkrater aufgefüllt werden, das Land war vielerorts verödet, das Drainagesystem verfallen. Andere Landwirtschaftliche Produktionsgenossenschaften traten bei, sodass das VEG im Jahre 1973 rund 6600 ha Nutzfläche bearbeitete, die sich auf einer Länge von fast 60 Kilometern bis weit auf das Festland erstreckten.

Nach der Wende ging ein Teil des riesigen VEG in der Agrargesellschaft Zingst auf. 1993 war das Ende des Truppenübungsplatzes gekommen, dessen Gelände ohnehin zum Nationalpark Vorpommersche Boddenlandschaft gehörte.

➢ Vorherige Doppelseite:
Wassersportler am Zingster Strand

Ostseebad Zingst

Aus der Ortsgeschichte

Zingst besteht aus **drei Ortsteilen**, die einst am Zingster Strom, also weit entfernt vom Ostseestrand, angelegt wurden - Pahlen im Westen, Hanshagen im Norden, gegenüber der Insel Kirr, und Rotes Haus mittendrin. Um 1530 hatte Pahlen nur vier Häuser, Hanshagen konnte als Sitz des Schulzen und mit seinem Krug einen Katen mehr bieten, das Rote Haus aber war nichts als ein Viehhof mit Wohnhaus, Stall und Scheune. Im Jahre 1767 zählte man schon 552 Einwohner. Allmählich bürgerte sich für die drei Siedlungen der Name Zingst ein, doch erst **1830** vereinigten sich die Dörfer zur Gemeinde Zingst.

Zingst entwickelte sich im 19. Jahrhundert geradezu stürmisch. Ursache war der Aufschwung der **Segelschifffahrt**, die nirgendwo, auch nicht in Wustrow oder Prerow, so nachhaltig ein ganzes Dorf erfasste. Es gab Navigationsunterricht, Schiffe wurden von Handwerkern ausgerüstet - und es gab kleine Werften, die seegehende Schiffe bauten: In den Jahren 1793 bis 1879 waren es 76 an der Zahl, für ein Dorf nicht gerade wenig. Bereits 1793 hatten die Zingster 93 Schiffe, in der Stadt Barth gab es dagegen nur 52.

Die Segelschifffahrt war risikoreich, aber sie brachte viel Geld ins Dorf, sodass sich Zingst stark nach Norden ausdehnte, in Richtung Ostseestrand. Dort gab es - wie auf dem Neudarß - Reffe und Riegen, die hier allerdings von Nord nach Süd verlaufen. Und wie die Prerower wählten auch die Zingster lieber die erhabenen, trockenen und sichereren **Strandwälle** als Fundament für ihre Häuser. Dementsprechend verliefen die Wege ebenfalls von Nord nach Süd, was das Straßenbild bis heute geprägt hat. Die Angehörigen der verschiedenen Berufe wählten sich ihre eigenen Straßen und Gebiete, sodass die Wohnbereiche der Seeleute, Fischer und Büdner klar erkennbar waren. Einer der markantesten Wege ist die Strandstraße, wo besonders viele **Schifferhäuser** errichtet wurden.

Welchen Preis das Dorf für die Seefahrt bezahlte, zeigen die nüchternen Zahlen: Im Kirchspiel Prerow, zu dem Zingst und Darß gehörten, starben zwischen 1794 und 1799 insgesamt 41 Menschen auf See. 1888 bis 1937 verloren 42 Zingster ihr Leben durch die Schifffahrt. Von den 76 seegehenden Schiffen, die in Zingst 1793 bis 1879 gebaut wurden, gingen 29 durch **Havarien** verloren.

Die stürmische Entwicklung brachte es mit sich, dass das Kirchspiel Prerow, zu dem Zingst noch gehörte, kurz nach der Mitte des 19. Jahrhunderts geteilt wurde. 1862 konnte die neue **Peter-Pauls-Kirche** in Zingst nach Entwürfen von Karl Friedrich Schinkel im neugotischen Stil eingeweiht werden, womit die kirchliche Loslösung Zingsts von Prerow vollzogen war. Aller-

dings bekam die neue Kirche nur einen frei stehenden Glockenturm, schließlich sollte nur die Barther Kirche den Schiffen als Seezeichen dienen.
Mit dem Bau der Kirche hatte Zingst seinen historischen Höhepunkt bereits erreicht. Das Dorf war mit 2000 Einwohnern im Jahre 1862 die **größte Siedlung** auf den drei ehemaligen Inseln Fischland, Darß und Zingst. 1867 zählte man sogar 2170 Bewohner - zu viele für die begrenzten Erwerbsmöglichkeiten des Dorfes. Zingst konnte seine Bewohner nicht mehr ernähren, sodass eine **Abwanderung** einsetzte. Nach dem Niedergang der Segelschifffahrt gewann die **Fischerei** stark an Bedeutung, die für die Zingster bisher nur ein Nebenerwerb gewesen war. Verstärkt wurde dieser Trend noch mit dem Bau der Konservenfabrik in Barth im Jahre 1896.
Die Rettung vor der Armut brachte auch in Zingst das **Badewesen**, das hier 1881 einsetzte. Der **Schraubendampfer »Barth«** brachte die neuen Badegäste bequem von Stralsund nach Zingst. Es war ausgerechnet ein Schiff jenes Typs, das den Segelschiffen überall und gerade in Zingst den Garaus machte. Damals lebten in Zingst über 80 Kapitäne und rund 200 Seeleute, viele von ihnen bereits arbeitslos und mit einer ungewissen Zukunft vor Augen. Mit welchen Gefühlen sie das Eintreffen des Dampfers »Barth« in Zingst beobachteten, ist nicht überliefert.

Als 1910 die **Darßbahn** von Barth über Zingst nach Prerow eröffnet wurde, war längst eine neue Zeit angebrochen. Wer von den Schiffern und Steuerleuten die Zeichen der neuen Zeit erkannte, hatte seinem Haus längst eine Glasveranda vorgesetzt und den Dachstuhl ausgebaut - und unterhielt seine Gäste aus den großen Städten mit romantischen Geschichten aus der großen Zeit der Seefahrt.

Rundgang durch Zingst

Zingst ist der größte Ort der Halbinsel Fischland-Darß-Zingst. Wer durch das Ostseebad spaziert, wird rasch bemerken, wie verschachtelt und verwinkelt die Straßen sind. Zwar gibt es einige längere, durchgehende Straßen, die von Nord nach Süd verlaufen, doch die Häuser stehen in einigen Gebieten

doch ziemlich kreuz und quer. Der Grund liegt darin, dass sich Zingst aus drei historisch gewachsenen Ortsteilen zusammensetzt - Pahlen im Westen, Hanshagen im Norden, gegenüber der Insel Kirr, und Rotes Haus mittendrin.

Der Rundgang beginnt an der neuen **Seebrücke**, die 1992/93 errichtet wurde. In diesem Bereich ging die Küste in den letzten hundert Jahren um über 70 m zurück - Grund genug, den Strand durch Buhnenreihen zu schützen. Mit den Seebrücken hat es eine besondere Bewandtnis: Eine »Brückennutzungsordnung« gibt detailliert an, was auf ihr verboten ist - zum Beispiel Abspringen, Tauchen, Bootfahren, Fahrradfahren, Inline-Skaten, Werfen von Gegenständen. Was auf ihr erlaubt ist, wird nicht gesagt. So schmal wie sie ist - nur zwei Pärchen breit - nutzen sie die Urlauber einzig als Promenade. Kein richtiger Tourist, der nicht mindestens einmal täglich bis zur Brückenspitze vorgeht, aufs Meer hinaussieht, Prerow mustert, Pramort nicht findet - und wieder zurückspaziert. Und jedes Mal wird die Hoffnung enttäuscht, dass auf, an, neben, unter oder vor der Seebrücke irgendetwas Wichtiges passiert.

➢ Zingster Strandleben

Unmittelbar an der Seeseite der Hochwasserschutzdüne steht das neue **Kurhaus**, wo nicht nur Gesundheits- und Kurveranstaltungen angeboten werden, sondern auch Tagungen und Ausstellungen stattfinden. Außerdem befindet sich in der Wandelhalle die Gästeinformation. Nach Süden sieht man den backsteinernen **Seenotrettungsschuppen**, der 1873 gebaut wurde - exakt dort, wo Strandstraße und Klosterstraße spitzwinklig zusammenlaufen. Linker Hand liegen an einem Platz das neue Steigenberger Hotel, das ehemalige Warmbad von 1899 mit der Galerie »Meeresblick«.

Die Route führt nun rechts am Seenotrettungsschuppen vorbei in die **Strandstraße**. Früher haben sich die Bauern-, Fischer- und Schifferhäuser von Zingst deutlich voneinander unterschieden. Durch zahlreiche Umbauten, die nach 1880 aufgrund des beginnenden Bäderwesens vorgenommen wurden, sind die traditionellen Baustile verloren gegangen. Das Fachwerkwohnhaus **Strandstraße 7/7a**

zum Beispiel, Mitte des 18. Jahrhunderts errichtet, ist eines der ältesten erhaltenen Häuser in Zingst. Es wurde Anfang des 19. Jahrhunderts an der Straßenfront verputzt und durch einen überdimensionierten Dachausbau (Zwerchhaus) erweitert. So muss man die alten Bauten in Zingst regelrecht suchen.
Die **Strandstraße** ist so etwas wie die Flaniermeile der Urlauber. Es fehlt nicht an Galerien, Andenkenläden, Cafés und Restaurants. Vor dem **Fischmarkt** macht sie einen Schwenk, dann ist die Katholische Kirche erreicht. Links der Strandstraße liegt ein sehr aufwändig renoviertes Viertel, verschachtelt zwar, aber mit zum Teil recht repräsentativen Bauten. Rechts biegt die baumbestandene **Bahnhofstraße** ab, Relikt aus jener Zeit, da Zingst an die Darßbahn von Barth nach Prerow angeschlossen war. Am Ende der Allee steht immmer noch das Bahnhofsgebäude, das besserer Zeiten harrt. Die Gleise mussten 1945 als Reparationsleistung an die Sowjetunion abgebaut werden.
Weiter geradeaus auf der Strandstraße erreicht man das **Heimatmuseum**, das in einem alten Schifferhaus aus dem Jahre 1867 untergebracht ist. Über Zingst lässt sich dort viel Interessantes erfahren. Etwa in Höhe des Museums geht links die Jordanstraße ab, die parallel zum Boddenufer verläuft. Von ihr biegt rechts die Hafenstraße zum **Hafen** ab. Dort liegt immer ein Zeesenboot zu einer kleinen Rundfahrt auf dem Bodden bereit. Von hier aus starten regelmäßig Fahrgastschiffe nach Barth und Hiddensee, auch **Boddenrundfahrten** gehören mit zum Angebot. Gegenüber erstreckt sich der Kirr, die berühmte (und vor Zutritt gesicherte) Vogelschutzinsel.

➢ Im Hafen von Zingst

Informationen:

- Gästeinformation der Kur- und Tourismus GmbH Zingst, Seestr. 56-57, 18347 Ostseebad Zingst, Tel. 038232/81580, Fax 81550; www.zingst.de

- Heimatmuseum Zingst, Strandstr. 19, 18347 Ostseebad Zingst, Tel. 038232/15561; Mai–September Mo.–Fr. 10–17 Uhr, Sa./So. 13–16 Uhr, Oktober–April Mo.–Fr. 10–16 Uhr, So. 13–16 Uhr

Im Heimatmuseum

Jedes Exponat des Zingster Heimatmuseums hat seine eigene Geschichte, und manche hat es in sich. Man ist noch nicht zur Tür rein, da hat man vielleicht schon die beste Geschichte verpasst. Unter dem Giebel verstecken sich nämlich hinter Glas zwei weiße **Porzellanhündchen**. »Seltsam«, denkt man, »hat das Museum nichts Besseres zu bieten? Was haben die Hündchen mit Zingst zu tun?«
Sie haben mit Zingst zu tun, und zwar mehr, als manchem lieb sein kann. Die Schiffer, Steuerleute und Matrosen aus Zingst waren früher monatelang auf den Meeren unterwegs. Wenn der Wind die Segel prall aufblähte, wurde so mancher still und dachte an seine Liebste zu Hause. Was sie jetzt wohl macht so allein, und ob sie auch treu ist? Irgendwann hielt es unser Seemann nicht mehr aus vor Sehnsucht und Verlangen, sagen wir in der Weltstadt London. Und unseren Mann, nennen wir ihn Jan, zog es eines Abends unwiderstehlich in eine Kneipe, in der auch einzelne Damen saßen.
Natürlich ging es da um käufliche Liebe. Liebe an sich war in London nicht verboten, wohl aber deren Bezahlung. Für die Damen, die auch existieren mussten, war aber das Geld das Wesentliche dabei. Die Sache nahm ihren menschlichen Gang, und in puncto Geld, das ja nicht bezahlt werden durfte, kam es zu folgendem Handel: Jan erwarb zwei Porzellanhündchen für einen Preis, der üblicherweise in London für Liebesdinge zu bezahlen war. Unser Mann sah sich die Hündchen an, dachte sich, was für ein nettes Mitbringsel, und nahm sie mit. So kamen die Hündchen nach Zingst, wanderten auf das Buffet oder ins Fenster. Jeder sollte sehen, dass Jan seiner Frieda ein schönes Geschenk von der letzten Fahrt mitgebracht hatte.
Es blieb nicht bei einem Pärchen, oh nein! Die Hündchen mehrten sich, sie tauchten in den Nachbarhäusern auf, und ab und zu gab es sogar Streit um die Frage, wer die schönsten Hündchen hatte. Auch in Prerow waren sie recht beliebt, und in Wustrow wurden auch welche gesehen.
Eines Tages besuchte eine Frau aus London Zingst, um Urlaub zu ma-

chen. Sie hatte viel gesehen von der Welt und nichts Menschliches war ihr fremd. Sie sah die Hündchen in einem der Fenster, da standen sie eng beieinander, als wollten sie kuscheln. Im nächsten waren sie in die Ecken verbannt, als hätten sie Streit miteinander. Beim dritten hockte einer in der Küche, der andere in der guten Stube. Irgendwann konnte die Frau nicht mehr an sich halten: »Wisst ihr eigentlich, was das für Hündchen sind?«, fragte sie und hielt mit der Antwort nicht lange zurück. So kam die Angelegenheit heraus.

Die Reaktionen waren unterschiedlich, und sie waren menschlich sehr verständlich. Die einen Hündchen gingen darüber zu Bruch, die nächsten verschwanden ohne Worte auf Nimmerwiedersehen, andere blieben stehen, als wollten sie sagen: »So war es! Es ist geschehen, was können wir daran ändern?« So kamen die Porzellanhündchen ins Heimatmuseum. Auch das ist ein Stück Heimatgeschichte.

Wir wissen nicht, ob die Geschichte so stimmt, aber wahr könnte sie sein. Es gibt noch eine andere Erklärung für die zahlreichen Hündchen: Sie könnten gewissermaßen Signalgeber gewesen sein. Standen sie auseinander, herrschte Streit im Haus. War einer fortgeräumt, sollte das dem Hausfreund bedeuten: Komm schnell, Mann und Schwiegermutter sind fort. Aber war Zingst nicht ein anständiges Dorf? Recht unwahrscheinlich, dass ein ganzer Ort solche Signale nötig hatte, wo doch fast jedes Haus seine Hündchen hatte.

Das sind so die Geschichten, die man im Heimatmuseum hören kann, wenn man nur hartnäckig fragt. Natürlich gibt es noch andere Exponate, die weit weniger verfänglich sind. Der Samowar aus Tula, den Captain Bruhn 1867 mit nach Hause brachte, ist sicherlich ganz harmlos. Auch das Modell der Fünfmastbark »Potosi«, das Robert Müller 1918 anfertigte, scheint frei von jedem Fehltritt. Und ob Jacob Kraeft seiner Frau Albertine – in ihrem schönen »Haus Morgensonne« wurde 1987 das Museum eröffnet – ein Pärchen Porzellanhündchen mitbrachte, ist nicht bekannt.

Radtour durch die Sundische Wiese nach Pramort

Die 9 km lange Radtour führt vom Parkplatz Sundische Wiese zur Ostspitze der Halbinsel, nach Pramort und eignet sich besonders für Pkw-Fahrer, die die Räder mitnehmen oder die sich vor Ort – am Parkplatz Sundische Wiese – Räder ausleihen wollen. Wer die lange Anfahrt per Rad vom Ostseebad Zingst nicht scheut, fährt von der Seebrücke auf dem Deich nach Osten. Rund 800 m hinter Zingsthof biegt rechter Hand ein markierter Weg ab (Zeichen: Möwe), der durch den Osterwald bis zum Parkplatz Sundische Wiese führt.

Vom **Parkplatz Sundische Wiese** führt eine schnurgerade Betonstraße nach Osten zum Pramort. Etwa 200 m hinter dem Parkplatz hat man Gelegenheit, sich in einer **Ausstellung** über diesen Teil des Nationalparks Vorpommersche Bod-

denlandschaft zu informieren. Wie zu erwarten ist, steht an diesem Ort der Vogelflug im Vordergrund. Auf der Betonstraße führt die Route weiter durch die Sundische Wiese nach Pramort und zur Hohen Düne.

Die Sundische Wiese war früher im Besitz der Stadt Stralsund, was ihr den Namen gab – (Stral-)Sundische Wiese. Der größte Teil der Strecke ist zugegebenermaßen etwas monoton: Rechts erstreckt sich eine tischebene Wiesenlandschaft mit Rinderherden, unterbrochen von Baumreihen, kleinen Gehölzen und Entwässerungsgräben. Nur der Kirchturm von Barth und einige Windräder beleben den Horizont. Links steht über einige Kilometer ein Wald, in dem alles durcheinander wächst – Birken, Nadelbäume, Eichen, Buchen. Doch wer die Monotonie der Landschaft als Ergebnis nicht immer sinnvoller Nutzung begreift, hat mehr davon. Ohnehin konzentriert sich der schönste Teil der Strecke auf die Ostspitze der Halbinsel.

In **Pramort** angekommen, sollte man die Räder erst einmal abstellen und auf den Deich zur Aussichtshütte hochgehen. Dem Betrachter bietet sich das schönste Naturschauspiel: Links erstreckt sich der Große Werder, eine Insel – mal weiß vom Sand, mal grün und braun durch spärlichen Bewuchs. Dahinter liegen die drei Inseln des Kleinen Werders. Noch ein Stück weiter steht dunkel der bewaldete Bock. Ganz links sieht man in der Ferne Hiddensee, rechts steigt sanft das Festland an.

Das Gebiet ist einer der bedeutendsten **Kranich-Rastplätze** Europas. Da die Vögel im seichten Wasser übernachten, zählen hier nicht die Inseln und das feste Land, sondern die flachen Windwatten und Gewässer dazwischen. Das Rastgebiet zieht sich bis zur Halbinsel Ummanz auf Rügen bzw. zur Südspitze von Hiddensee hin. In manchen Monaten zählen die Beobachter 30–40.000 Kraniche, die abends unter schrillen Trompetenschreien von den Fressplätzen auf dem Fest-

➢ Aussichtshütte in Pramort

land zu ihren Schlafplätzen auf dem Wasser heimkehren. Kraniche sind außergewöhnlich scheu, ihr größter Feind ist der Mensch: Erkennen sie eine menschliche Silhouette am Horizont, werden sie sofort unruhig. Daher steht am Pramort eine überdachte Beobachtungshütte.

Auf einem schmalen Deichweg erreicht man nach 1,5 km in nördlicher Richtung die **Hohe Düne**, die zu einem bis zu 13 m hohen und über zwei Kilometer langen **Weißdünenmassiv** gehört, das Größte seiner Art an der mecklenburg-vorpommerschen Ostseeküste. Weiter östlich schließt sich **Kukshüren** an, eine große Sandplatte, die fast bis zum Großen Werder reicht. Zwei **Beobachtungstürme** findet der Besucher vor, keinen sollte man auslassen. Besonders reizvoll ist die Aussicht vom Turm unmittelbar am Strand. Man sieht Vogelspuren im Sand, den der Wind gemustert hat, lagunenartige Gewässer und die Dünen.

Unmittelbar an der Hohen Düne wachsen Salzkraut, Salzmiere und Strandhafer. Hier kann man besonders gut beobachten, dass bereits bei einem Höhenunterschied von nur einem Meter die Vegetation völlig wechselt. Am Horizont zeichnet sich die Insel Hiddensee ab. Wer Muße hat und lange bleibt, sieht immer mehr.

Informationen:

- Informationsausstellung Sundische Wiese; Ausgangspunkt für Wanderungen nach Pramort; geöffnet April–August täglich 10–17 Uhr, September–März täglich 10–16 Uhr

Der Graue Kranich

Er ist ungefähr 1,30 m groß, grau mit einem roten Scheitel, sehr gesellig, treu und kommunikativ. Sein reiches Stimmrepertoire lässt ihn Trompeten- und Fanfarenstöße schmettern, und in der Balzzeit führen die Männchen fantastische Tänze auf, springen und schlagen mit den Flügeln, rennen im Zickzack oder Kreis um das Weibchen herum. In vielen Kulturen wird er als Glücksbringer, Bote der Götter oder Verkünder eines langen Lebens angesehen.

Die Rede ist von **Grus Grus**, dem Grauen Kranich, auch Eurasischer Kranich genannt. Sein Lebensraum reicht von England bis ins nordöstliche Sibirien, was ihn zu der am weitesten verbreiteten Kranichart macht. In China und der Mongolei, Indien und Pakistan, Iran und Irak, der Türkei und Israel sowie in fast ganz Europa gehört er zu den heimischen Vogelarten bzw. zu den regelmäßigen Gästen. Auch nordafrikanische Länder, vor allem Marokko und Tunesien, besucht er alljährlich in den Wintermonaten.

Es gibt zwei **Hauptrouten** des Grauen Kranichs: Die **osteuropäische Route** reicht von Sibirien bzw. Westrussland und Finnland über Estland, Lettland, Litauen und Polen weiter nach Tschechien und Ungarn. Viele Kraniche bleiben dort, ein großer Teil zieht über Albanien, Kroatien, Slowenien und Süditalien weiter nach Nordafrika. Ein weiterer Zweig der osteuropäischen Hauptroute führt über Weißrussland und die Ukraine ans Schwarze Meer, die Türkei und den Iran. Der **westeuropäische Hauptzug** beginnt in Skandinavien (mit kleineren Kranichzügen aus Nordrussland), führt über die Ostsee, trifft in der Rügen-Bock-Region ein und verläuft über Frankreich weiter nach Spanien, ein kleinerer Ausläufer weiter nach Marokko.

Kraniche halten sich nicht exakt an feste Hauptrouten, sondern wechseln auch mal zwischen Haupt- und Nebenrouten. Gelegentlich sind sie sogar zu Umwegen gezwungen, etwa wenn Einrichtungen wie Flughäfen, Himmelsscheinwerfer oder Windkraftanlagen ihren Flug stören. Starker Seitenwind kann Kranichformationen über Hunderte Kilometer von der Route abdriften lassen; bei Gegenwind warten sie lieber am Boden auf günstigeres Wetter. Mit ihrem durchschnittlichen Körpergewicht von 5 kg und einer Spannweite von 2,20 m können sie am Tag etwa 1000 Kilometer zurücklegen. Bei günstigen Umständen fliegen sie sogar von der mecklenburg-vorpommerschen Küste Nonstopp bis Spanien durch, was einer Flugleistung von rund 65 km/h entspricht.

Ein typisches Gebiet, in dem sich Kraniche als Dauergäste und als Durchzügler begegnen, ist die **Rügen-Bock-Region** zwischen der Westküste Rügens und der Halbinsel Zingst. Es ist eines der wichtigsten Refugien des Grauen Kranichs überhaupt. Rings um die Halbinsel Ummanz, die Insel Bock,

➢ Ein Kranich auf Nahrungssuche im Stoppelfeld

am Pramort, die Halbinsel Zingst und die Insel Kirr gibt es sehr flache Wasserflächen, die den auf Sicherheit bedachten Kranichen als Schlafplätze dienen. Im flachen Wasser stehend, fühlen sie sich sicher - vor Füchsen wie vor Menschen.

Kraniche sind **Bodenbrüter**, und das in sumpfigem Gelände. Ein ideales Terrain sind Erlensümpfe, sodass die Vögel in der bis zu 31 Tage dauernden Brutzeit das Nest ständig durch weiteren Ausbau vor dem Versinken bewahren müssen. Die frisch geschlüpften Jungen sind Nestflüchter, nach zehn Wochen sind sie flugfähig. Nach drei Jahren sind Kraniche geschlechtsreif, aber schon vorher suchen sie sich mit Umsicht ihren zukünftigen Brutplatz aus, zu dem sie ihr Leben lang immer wieder zurückkehren werden. Kranich-Paare sind ein Leben lang zusammen.

Am frühen Morgen fliegen sie landeinwärts zu ihren **Fressplätzen**, meist abgeerntete Mais-, Getreide- und Kartoffelfelder. Um die Bauern vor Schäden zu bewahren, hat man in den letzten Jahren zusätzliche Nahrungsangebote geschaffen, denn etwa 300-400 g Getreide frisst ein Kranich pro Tag. Zweimal am Tag bietet sich also das gleiche, wunderbare Naturschauspiel, wenn die Kraniche laut und schrill trompetend zwischen den Schlafplätzen im Wasser und den Fressplätzen im Binnenland hin und her ziehen.

Kraniche sind sehr **anpassungsfähige Tiere**. Entsteht zu viel Unruhe in einem Brutrevier oder nimmt das Nahrungsangebot deutlich ab, suchen sich die Vögel sehr schnell andere Gebiete. Noch vor wenigen Jahrzehnten zählte man in Mecklenburg viel weniger Kraniche als heute. Schutz- und Fütterungsmaßnahmen haben zur Folge, dass die Rügen-Bock-Region bei den Kranichen immer beliebter wird. Kälte können Kraniche gut ertragen, Temperaturen um -15° C sind für sie noch nicht bedrohlich. Nur wenn Schnee ihre Fressplätze bedeckt, kommen sie rasch in Bedrängnis. So kann es vorkommen, dass selbst Ende Dezember Kraniche an der Küste beobachtet werden können.

In **Mecklenburg-Vorpommern** bestimmen bis September die einheimischen Vögel das Geschehen, ab Oktober treffen die durchziehenden Kraniche ein, die sich vor dem Weiterflug in den Süden innerhalb kurzer Zeit große Kraftreserven anfressen müssen. Geübte Beobachter haben im Oktober 1995 an der Küste und im Binnenland rund 71.000 Kraniche gezählt. Vergleiche haben ergeben, dass es die Vögel zunehmend ins Binnenland zieht, zu bewaldeten, sumpfigen und daher sicheren Plätzen. Zur Zeit rasten etwa 80.000 Kraniche jedes Jahr einige Wochen an der mecklenburg-vorpommerschen Küste. Die **Verweildauer** ist im Herbst wesentlich länger als im Frühjahr. Dazu kommen rund **1000 mecklenburg-vorpommersche Brutpaare**, die mit großer Wahrscheinlichkeit in Spanien überwintern.

Was Kraniche unter keinen Umständen ertragen, ist die Nähe des **Menschen**. Sich Kranichen aufrecht nähern zu wollen, sollte man deshalb gar nicht erst versuchen. Bereits eine menschliche Silhouette am Horizont versetzt Kraniche in Unruhe, die Fluchtdistanz liegt bei etwa 300 Metern. So mancher Hobbyfotograf überschätzt seine Fotoausrüstung: Mit einem 500-Millimeter-Teleobjektiv kann man einen Kranich nicht formatfüllend fotografieren. Kraftfahrzeuge lassen Kraniche bis auf 150 m an sich heran. Man sollte daher in der Nähe von Kranichen den Wagen niemals verlassen.

Informationen:

- Kranich-Informationszentrum, Lindenstr. 27, 18445 Groß Mohrdorf, Tel. 038323/80540, Fax 80541
  Öffnungszeiten: März bis Juni Mi.–So. 10–16 Uhr, Juli/August Di.–So. 10–16.30 Uhr, September/Oktober Mi.–So. 9.30–17.30 Uhr, November Di.–So. 10–16.30 Uhr

- Verein zum Schutz und Erhalt des Kranichrastplatzes Rügen-Bockregion e.V., Fischerweg 6, 18445 Klausdorf, Tel. 038323/448

Dieser Verein unterhält in einer Scheune in Hohendorf (Ortsausfahrt Richtung Wendisch-Langendorf) neben einem Futterplatz einen ausgebauten Beobachtungsplatz, den so genannten **»Kranich Utkiek«**, der im Frühjahr und im Herbst täglich von 10 Uhr bis zum Abflug der Kraniche nach Sonnenuntergang geöffnet ist.

Beobachtungsmöglichkeiten bei Zingst:

- Hafen gegenüber der Insel Kirr
- an der Straße nach Barth Beobachtungshütte in Richtung Insel Kirr
- am Pramort zwei Beobachtungsstände zum Großen Werder

Beobachtungsmöglichkeiten an der Südlichen Boddenküste:

- an der Meiningenbrücke (keine Hütte)
- Beobachtungshütte bei Bisdorf in Richtung Pramort

Radtour nach Barth

Vom Heimatmuseum in Zingst bietet sich eine ausgezeichnete Gelegenheit zu einer 14 km langen Radtour nach Barth. Die Route verläuft zu einem großen Teil auf dem als Radweg ausgebauten, ehemaligen Damm der Darßbahn.

Man radelt am besten vom Heimatmuseum auf der Barther Straße nach Süden und biegt etwa 200 m vor dem Beobachtungshäuschen gegenüber der Insel Kirr rechts auf den Radweg in Richtung Barth ab. Rechter Hand liegt der Freesenbruch, links die Landstraße, so erreicht man die 1910 errichtete, 470 m lange **Meiningenbrücke**, die in den Sommermonaten durch eine Pontonbrücke ergänzt wurde. Die Wegführung ist etwas unübersichtlich, nach einem saisonalen Fahrplan werden die Brücken außerdem für die Schifffahrt geöffnet. Auf dem Bahndamm radelt man weiter nach Süden bis zur Landstraße. Das tief gelegene Gelände wird durch eine flache Brücke oder einen Damm auf Stelzen überwunden. Nach wenigen Kilometern ist die Landstraße erreicht, die links nach **Barth** führt. Die wuchtige Kirche von Barth und das Dammtor sind unverkennbar am Horizont zu erkennen. Wo rechts die Umgehungsstraße abzweigt, halte man sich geradeaus, direkt auf das Dammtor und die Barther Marienkirche zu.

Der Freesenbruch

Der Freesenbruch ist, wie der Name andeutet, ein auf einem Moorgebiet gewachsener Bruchwald. Bei einem Alter von rund 2000 Jahren gehört der Forst zu den ältesten Gebieten des Zingsts. Das **Torfvorkommen** ist knapp einen Meter stark, der Nutzwald besteht zum größten Teil aus Kiefern, Erlen, Birken und einigen anderen Baumarten. Im Süden ragt das Waldgebiet keilförmig in eine Wiesenlandschaft hinein, die ihre Fortsetzung in den Meiningen-Bülten im Bodden findet. Im Westen geht der Freesenbruch in die Schilfgürtel und Feuchtwiesen des Prerowstroms über.

Informationen:

- Meinigenbrücke, Tel. 038231/2464 (Stadtinformation Barth) oder beim Wasser- und Schifffahrtsamt Stralsund unter Tel. 03831/249-0.
  Die Brückenzug-Zeiten werden außerdem in der Tagespresse bekannt gegeben.

➢ Die wuchtige Marienkirche in Barth

500m
Rathaus
Friedhof
Post
Lange Straße
Meyer

Ausflüge

➤ Im Hafen von Barhöft

Südliche Boddenküste

Von Ribnitz-Damgarten nach Barth

Zwischen Ribnitz und Damgarten verlief jahrhundertelang die Grenze zwischen Mecklenburg und Pommern. Das schuf jede Art von Vorurteilen und Vorbehalten der Bewohner gegeneinander, die bei der Zusammenlegung der Städte Ribnitz und Damgarten 1950 mit einem Federstrich beiseite geschoben wurden, in den Köpfen jedoch noch lange weiterlebten. Noch heute gibt es Pommern, die bei der Heimfahrt dreimal hupen, wenn sie, Ribnitz im Rücken, die Grenze nach Pommern überqueren.

Ribnitz-Damgarten

Im Jahre 1323 stiftete Herzog Heinrich II. von Mecklenburg westlich der Recknitz das **Kloster St. Klaren**. Die in sich abgeschlossene Anlage des Klarissinnenklosters zwischen dem Markt und der parkähnlichen Niederung des Klosterbaches ist ausgesprochen sehenswert.

In der um 1400 errichteten, einschiffigen Backsteinkirche ist das kunsthistorisch wertvolle Steingrabmal der 1586 verstorbenen Äbtissin Ursula zu finden. Die aus der Werkstatt von **Philipp Brandin** stammende Arbeit ist eines der besten Renaissance-Grabmale überhaupt. Im Chorsaal, der ehemaligen Nonnenempore, sind die »Ribnitzer Madonnen« zu finden, spätgotische Holzplastiken aus dem 14. Jahrhundert.

Erwähnenswert ist auch die spannungsgeladene Geschichte zwischen Kloster und Stadt: Es gab Streit, Verleumdungen, Angriffe, zeitweise wurde das Kloster, dessen Leitung sich gegenüber den Bewohnern etwas ungeschickt verhielt, regelrecht belagert. Das Kloster diente nach dem Tod der Äbtissin Ursula 1586 als Stift für unverheiratete adlige Damen, deren Beziehungen zur Stadt wesentlich besser waren als die der Nonnen. Nach der Revolution von 1918 wurde das Stift aufgelöst.

Auf dem Klostergelände befinden sich die Galerie des Kunstvereins und das **Deutsche Bernsteinmuseum**, dessen Exponate mit der wundersamen Welt des Bernsteins bekannt machen. Die größeren Vorkommen von Bernstein, dem »Gold der Ostsee«, finden sich zwar weiter östlich an der Küste Ostpreußens, im heutigen Kaliningrader Gebiet, doch auch vor Fischland-Darß-Zingst gibt es einige Fundplätze im Meer, die einheimische Fischer sehr wohl kennen, aber für sich behalten. Ein 81 cm hoher Hausaltar aus dem 18. Jahrhundert zählt zu den wertvollsten Exponaten des Museums. Auch ein nachgebildetes Paneelteil aus dem Sockel des berühmten Bern-

➢ Kloster Ribnitz mit den Wohnungen der Conventualinnen um 1850

steinzimmers wird hier ausgestellt. Interessant für Biologen und Insektenforscher sind Bernsteinstücke mit Einschlüssen von 35-50 Millionen Jahren alten Pflanzen und Insekten - als Fenster in eine Welt, als es den Menschen noch nicht gab.

Im 1834 fertig gestellten **Rathaus** am Markt ist die Stadtinformation Ribnitz-Damgarten zu finden. Gegenüber steht unübersehbar die **Stadtkirche St. Marien** aus dem 13./14. Jahrhundert mit einem sehenswerten Barockaltar und der 1994 eingebauten Jehmlich-Orgel. Dort findet regelmäßig der »Ribnitzer Orgelsommer« statt. Der gedrungene Kirchturm war in früheren Zeiten doppelt so hoch und diente den Seefahrern als Landmarke. Vom Turm aus hat man einen grandiosen Blick auf das Recknitztal, die Boddengewässer, nach Ribnitz bis hinüber ins Pommersche.

Am westlichen Ende der Langen Straße, also »hinter« der Marienkirche, steht an der Bundesstraße 105 das spätgotische **Rostocker Tor**, das letzte von ursprünglich fünf Bauwerken gleicher Art. Die reichen Blendbogenverzierungen wurden im 15. Jahrhundert angebaut, als es der Stadt wirtschaftlich gut ging. Durch die Geiststraße und die Hirtenstraße kommt man leicht hinunter zum **Hafen**, wo Ribnitz einst den großen Traum hegte, wie Rostock, Wismar und Stralsund Seehafenstadt zu werden. Es reichte aber nur zu einem Fischereihafen, einigen Schiffswerften, mäßigem Seehandel - und zu einem **Piratennest**, wo Seeräuber sich mit Proviant versorgten und ihre geraubten Güter verscherbelten. Sogar Störtebeker soll hier gewesen sein, was aber nicht bewiesen ist.

Von »Meerestränen« und »Sonnensplittern« – der Bernstein

Viele Namen und Bezeichnungen kennt man für das »Gold des Nordens«, dessen Herkunft lange Zeit unbekannt war. Es handelt sich dabei um das Harz urzeitlicher Nadelbäume, dessen Tropfen ins Erdreich oder ins Wasser fielen, dort von der Luft abgeschlossen waren, sodass das zähflüssige Harz schließlich versteinerte. Teilweise wurden dabei kleine Tiere oder Pflanzenteile, die so genannten **Inklusen**, eingeschlossen. Der baltische Bernstein aus der Ostsee, der sich durch eine besonders schöne Färbung auszeichnet, ist 40–50 Millionen Jahre alt.

Bereits aus der Steinzeit stammen erste Zeugnisse von zu **Schmuck- und Kultzwecken** bearbeitetem Bernstein. In der Glanzzeit des Römischen Imperiums war er einer der beliebtesten Schmucksteine, reiche Römer scheuten weder Kosten noch Mühen, um den Luxusartikel auf den so genannten **Bernsteinstraßen** vom Baltikum ans Mittelmeer transportieren zu lassen. Im Mittelalter, als Bernstein vor allem bei der Herstellung von Rosenkränzen und Devotionalien Verwendung fand, bildete sich ein landesherrliches Eigentumsrecht am Bernstein, das so genannte **Bernstein-Regal**, heraus, das die Monopolstellung des betreffenden Landesherrn im Bernsteinhandel sicherte: Für unbefugtes Sammeln drohte bis ins 19. Jahrhundert hinein die Todesstrafe.

Das Regal ging von den Herzögen von Pommerellen auf den Deutschen Orden und von diesem 1525 auf die Herzöge von Preußen über. Im Barock erlebte die Bernsteinkunst eine zweite Blüte, nicht nur Schmuckstücke, sondern komplette Innenausstattungen wurden aus diesem Material gefertigt. Das berühmteste Beispiel ist wohl das **»Bernsteinzimmer«**. Friedrich Wilhelm I. von Preußen schenkte das ursprünglich für das Berliner Stadtschloss angefertigte Kunstwerk 1716 dem russischen Zaren Peter dem Großen. Die Faszination dieses einzigartigen Kunstwerkes, dessen Spuren sich in den Wirren des Kriegsendes 1945 in Königsberg verlieren, verleitet bis heute moderne »Schatzsucher« zu Spekulationen und Expeditionen.

Bernstein findet sich überall an der Ostseeküste, vor allem in Polen und im Baltikum. Eines der Hauptzentren der Bernsteinverarbeitung ist bis heute Gdánsk/Danzig. Für den Touristen ist es zweifellos reizvoll, sich auch selbst auf die Suche zu machen. Eine reelle Chance hat man aber nur nach den **schweren Stürmen** im Frühjahr oder Herbst, wenn die Stücke, vom Meeresgrund aufgewirbelt, zwischen Muschelschalen, Holzstückchen und anderem Strandgut angespült werden. Und wer selbst nicht fündig wird, kann sicher ein schönes Erinnerungsstück in einer der zahlreichen Verkaufsstellen erwerben.

➢ Schmuckstücke mit langer Tradition – Bernsteinketten

Dabei gibt es einige **Hinweise** zu beachten: Die Färbung des Bernsteins reicht von durchsichtigem gelb bis dunkelbraun, bei den wolkigen Trübungen handelt es sich um eingeschlossene Luftbläschen. Der Wert der Stücke bemisst sich nach der Klarheit des Steins und Schönheit bzw. Seltenheit der Einschlüsse.

Vorsicht bei allzu regelmäßig geformten Steinen - manchmal werden Schmuckstücke aus gepresstem Bernsteinstaub angeboten, oder aus Kunstharz, in das zur Erhöhung des Reizes Bernsteinsplitter eingegossen sind. **Echter Bernstein** schwimmt in stark salzhaltiger Lösung und lädt sich statisch auf, wenn man ihn an Seide, Kunststoff oder Wolle reibt. Zudem ist Bernstein ein relativ weiches Material und lässt sich mit einer Nadel ritzen - am Andenkenkiosk ist diese Probe wohl jedoch nicht ratsam! Ebenfalls abzuraten ist vom Feuertest: Bernstein ist nämlich brennbar: Sein Name ist sogar vom niederdeutschen bernen = brennen abgeleitet, was wohl auf die ihm zugeschriebenen medizinischen Wirkungen zurückgeführt werden kann. Beim Verbrennen verfärbt er sich schwarz, der Rauch duftet eigenwillig aromatisch; man versprach sich davon Hilfe gegen böse Geister.

Das Tragen von **Bernsteinamuletten** soll gegen Zahnschmerzen, Rheuma und zahlreiche andere Krankheiten helfen - auch dies ist ein »guter Grund«, sich vom goldgelben Schimmer faszinieren zu lassen und ein Stückchen Sonne vom Ostseestrand mit nach Hause zu nehmen.

Wiebke Skalicky

Ribnitz war als Seeräubernest gefürchtet und wohl auch deshalb nicht als gleichwertiger Partner unter den Hansestädten gelitten. Was Ribnitz für Piraten aller Art so attraktiv machte, waren die unübersichtlichen **Boddengewässer** mit mindestens sechs Zugängen zur Ostsee. Gleichzeitig waren sie das große Handicap der Stadt, denn als Rostock die Durchlässe bei Wustrow und Ahrenshoop schloss, wurde Ribnitz immer mehr von der Ostsee abgeschnitten.

Vom im Jahre 2000 neu gestalteten Hafen hat man eine romantische Aussicht auf den **Ribnitzer See**, einen schmalen Arm des Saaler Boddens. Von Damgarten ist nichts zu sehen, der Ort versteckt sich jenseits der Recknitzmündung weiter östlich. Nach Westen ist der 1908 errichtete Gasometer zu erkennen, ein technisches Denkmal. Dort, am Körkwitzer Weg, lagen auch die Werften von Ribnitz, die zur Zeit der Segelschifffahrt gute Geschäfte machten. Körkwitz ist mit dem Namen **Richard Wossidlos** verbunden: Der Heimatforscher aus Waren erhielt dort bei einem Besuch seines Onkels den Anstoß zu seinem »Mecklenburgischen Wörterbuch«. Ein Gedenkstein in Körkwitz erinnert an den »Volksprofessor« Wossidlo, der auf dem Alten Friedhof von Ribnitz beigesetzt ist.

Die Route führt nun vom Zentrum der Stadt über die Recknitz und ihre weite Niederung hinüber nach **Damgarten** in Pommern. Kurz hinter dem Fluss zweigt links von der B 105 die Schillstraße nach Norden ab, zum Zentrum von Damgarten. Die **Pfarrkirche** links der Straße stammt aus dem Jahre 1300, entstand also nicht viel später als die Marienkirche von Ribnitz. Die Straße führt von Kückenshagen über Saal, Neuendorf, Neuendorf Heide nach **Fuhlendorf** am Reedensee, Teil des Bodstedter Boddens. Zu Fuhlendorf gehören die Ortsteile Michaelsdorf im Westen, Bodstedt ein Stück weiter im Norden und Gut Glück im Osten. Man sollte das Dorf nicht unterschätzen: In Fuhlendorf und Michaelsdorf wurden um die Mitte des 19. Jahrhunderts Segelschiffe gebaut, junge Männer aus den Dörfern fuhren wie die von Wustrow, Prerow und Zingst zur See. Sehr abgelegen liegt **Michaelsdorf** auf einer Art Halbinsel am Koppelstrom, nahe den Neuendorfer und den Borner Bülten.

Informationen:

- Stadtinformation Ribnitz-Damgarten, Am Markt 1, 18311 Ribnitz-Damgarten, Tel. 03821/2201, Fax 894750; www.ribnitz-damgarten.de

- Deutsches Bernsteinmuseum, Im Kloster, 18311 Ribnitz-Damgarten, Tel. 03821/4622, Fax 895140, www.german-amber-museum.de; geöffnet April–Oktober täglich 9.30–17.45 Uhr, November–März Mi.–So. 9.30–17 Uhr

➢ Das Rostocker Tor in Ribnitz-Damgarten

Bodstedt

Bodstedt ist das Zentrum der **Zeesenboote**: Noch in den 70er-Jahren fuhren von Bodstedt aus die letzten Fischer mit den traditionellen Booten zum Fischen auf den Bodden. Im Hafen von Bodstedt begann im September 1965 die Renaissance der Zeesenboote mit einer Regatta, an der sich acht Boote beteiligten. Die Veranstaltung, die die Tradition der Zeesenbootregatten rund um die Boddengewässer begründete, ist die bedeutendste ihrer Art bis heute. Der **Hafen** von Bodstedt liegt an der Dorfstraße. Kaum größer als ein kleines Hafenbecken, ist er nach wie vor Zentrum der örtlichen Fischerei. Säuberlich vertäut liegt immer ein Dutzend Zeesenboote im Hafen. Bis zum Bau der **Meiningenbrücke** im Jahre 1910 verkehrte von Bodstedt aus die Fähre hinüber zum Darß.

Wollte man der alten **Kirche** von Bodstedt einen Besuch abstatten, müsste man auf der Weiterfahrt nach Barth in der scharfen Rechtskurve der Dorfstraße links zur alten Ortsmitte abbiegen. An dem 1388 errichteten Bauwerk ist eine Flutmarke von 1872 zu finden, der große Orkan hat auch die südliche Boddenküste heimgesucht und große Zerstörungen im Ort angerichtet.

Auf der Landstraße, vorbei an Gut Glück, erreicht man **Barth**, die ehemalige Hafen- und Speicherstadt am Barther Bodden. Von weitem schon sind das wuchtige Dammtor aus dem 15. Jahrhundert und die Marienkirche aus dem 13. Jahrhundert zu sehen. Beide Bauwerke künden davon, dass die Stadt früher reich gewesen war und mit Getreidehandel, Fischfang, Seefahrt, aber auch mit der Landwirtschaft viel Geld verdient hat.

➢Historische Postkarte der Hafen- und Speicherstadt Barth

➢ Das Gebäude der Barth-Information beherbergt auch das Vineta-Museum

Barth

Der Platz von Barth war bereits von den Slawen besiedelt. 1255 verlieh Fürst Jaromar II. von Rügen »seiner geliebten Stadt Barth« das Lübische Recht und verkaufte den deutschen Siedlern das Stadtgebiet und Ländereien in der Umgebung zur Nutzung. Kurz darauf, jedenfalls noch im 13. Jahrhundert, begannen die Städter mit dem Bau der **Marienkirche**, der sich knapp 80 Jahre hinzog. In der Folgezeit konnte Barth aufgrund großzügiger Schenkungen und des Wohlwollens der Landesfürsten Reichtum ansammeln, besonders unter Bogislaw XIII. (1561–1605), der in Barth residierte und 1582 eine Buchdruckerei gründete, die die berühmte **»Barther Bibel«** herstellte.

Der Dreißigjährige Krieg, die Schwedenzeit sowie zahlreiche Sturmfluten brachten Armut und Not über die Stadt. Im Jahre 1696 wohnten nur noch 189 Bürger in der Stadt. 1815 kam Barth zu Preußen, die 150 Jahre währende Schwedenzeit war damit beendet. Nach dem Ausbau der Hafenfahrrinne nahm Barth erst um die Mitte des 19. Jahrhunderts durch Schiffbau und Schifffahrt einen merklichen wirtschaftlichen Aufschwung. Um 1877 hatte Barth fünf **Werften** und 18 Reedereien; eine Navigationsschule in der Chausseestraße bildete die Seeleute aus. Der Niedergang der Segelschifffahrt hatte dramatische Auswirkungen für Barth, doch entstanden in den Gründerjahren viele Industriebetriebe.

Barth hat einen sehr regelmäßigen Grundriss mit einem gitterförmigen Straßennetz innerhalb des Längsovals der ehemaligen Stadtmauer.

Von den vier Stadttürmen ist nur noch das 35 m hohe **Dammtor** aus dem 15. Jahrhundert im Westen erhalten. Von West nach Ost zieht sich die Dammstraße, an der das Dammtor und die **Marienkirche** liegen, eine gotische Hallenkirche von 1325-1400. Der 87 m hohe Turm diente jahrhundertelang den Fischern und Seefahrern als Landmarke.
Dort sollte man sich die 1588 in Barth gedruckte niederdeutsche **»Barther Bibel«** ansehen, deren Vorlage Luther eigenhändig korrigiert hat. Das Innere der Kirche wurde 1856-1863 im Stil der Neugotik restauriert und erneuert.
Von der Kirche sind es nur wenige Meter zum **Markt**, wo die Lange Straße, Hauptachse der Stadt, nach Süden abbiegt. Dort findet sich das **Vineta-Museum** (Lange Straße 16), das Besuchern auf den Namen Barth - es gibt neun Varianten des Stadtnamens - und männlichen Zeitgenossen mit Vollbart freien Eintritt gewährt. Die Ausstellung widmet sich der Barther Stadtgeschichte, Schiffbau, Schifffahrt, Fischerei (Zeesenboote), dem Handel sowie dem Großthema »Vineta«, dem geheimnisvollen und bis heute nicht gefundenen Handelszentrum an der Ostseeküste.
Zurück am Markt sollte man zumindest einen Blick auf das **Adlige-Fräulein-Stift** werfen, einen dreiflügeligen Barockkomplex, der 1733 von dem schwedischen König Friedrich I. am historischen Ort des Residenzschlosses der pommerschen Herzöge errichtet wurde. Das Anwesen wurde Mitte der 90er-Jahre zwar restauriert, harrt aber noch einer zweckmäßigen Nutzung. Über die Fischerstraße erreicht man den **Hafen**, wo noch die alte Fischfabrik und die alte Getreideverladestation stehen. Der hohe, wuchtige Bau rechter Hand, also im Osten, ist das **Ringhotel Speicher**, ein gelungener Umbau eines alten Speichers zu einem modernen Hotel. Geradeaus steht der etwas futuristische Bau des Hafenmeisters, der ein Hoffnungsschimmer für die Zukunft des Hafens und der Stadt sein möge. Die ehemaligen Werften von Barth lagen an der Westseite des Hafens. Nach vorn, also in Richtung Norden, fällt der Blick auf den Barther Bodden, im Hintergrund ist die Insel Oie vor Zingst zu sehen.

Informationen:

- Barth Information, Lange Str. 16, 18356 Barth, Tel./Fax 038231/2462; www.entdeckemv.de/barth.htm
- Vineta-Museum der Stadt Barth, Lange Str. 16, 18356 Barth, Tel. 038231/81771, www.vineta-museum.de; geöffnet Di.–Sa. 10–12 und 13–17 Uhr, So./Feiertags 14–17 Uhr
- Vineta-Festtage, Theater Barth, Trebin 33, 18356 Barth, Tel. 038231/66380; www.vineta-festtage.de

Vineta – Mythos und eingetragenes Warenzeichen

»Jenseits der Leutizier, die mit anderem Namen Wilzer heißen, tritt uns die Oder entgegen, der reichste Strom des slawischen Landes. An ihrer Mündung bietet die hochbedeutende Stadt Jumne einen vielbesuchten Mittelpunkt des Verkehrs für die Barbaren und Griechen im Umkreis dar. (...) In der Tat ist sie die größte aller Städte, die Europa umschließt. (...) Jene Stadt ist angefüllt mit den Waren aller nordischen Völker und besitzt alles Angenehme und Seltene.«

So steht es in der »Hamburgischen Kirchengeschichte« des Adam von Bremen, verfasst um 1075, einem der wenigen historischen Berichte über die Stadt, die unter dem Namen »Vineta« in den Sagenschatz Nordostdeutschlands eingegangen ist. Die wenigen **Quellen**, zu denen auch der Bericht des jüdisch-maurischen Kaufmanns Ibrahim Ibn Jakub al Israeli at Tartusi von 965 und die Chronik des dänischen Historikers Saxo Grammaticus aus dem 16. Jh. gehören, belegen die Existenz dieser **Ostseemetropole** für die Zeit zwischen ca. 900 und 1150. Danach ist die Stadt verschwunden und wird gesucht bis heute.

Der Volksmund hat aus den spärlichen Zeugnissen und der Tatsache, dass von der Stadt nichts mehr zu sehen ist, die **Legende** von der sagenhaft reichen Stadt Vineta geformt, die einem göttlichen Strafgericht zum Opfer fiel und unterging. Möglicherweise mischte sich in diese Berichte, die an kümmerlichen Herdfeuern von Tagelöhnern und kleinen Bauern erzählt wurden, auch ein wenig Häme. Tröstlich der Gedanke, dass zu viel Reichtum zum Untergang führt.

Die **Historiker** mühen sich seit Jahrhunderten, den Ort dieser offenbar bedeutenden slawischen Siedlung zu finden. Da die Ortsangaben in den Quellen recht dürftig und teilweise widersprüchlich sind, trieb diese Suche schon die wildesten Blüten. Lange Zeit war ein Steinriff vor Damerow auf **Usedom** der Favorit, doch spätestens als dieses abgetragen wurde, um die Hafenmole von Swinemünde zu verlängern, stellte sich heraus, dass es sich bei den scheinbar regelmäßig angeordneten Grundsteinen um unbehauene Findlinge handelte. »Vinetariff« heißt die Untiefe trotzdem auch heute noch.

Erst mit den Ausgrabungen im polnischen Ort **Wolin** auf der gleichnamigen Nachbarinsel Usedoms seit den frühen 50er-Jahren schien sich das Dunkel zu lichten. Unter Leitung von Władisław Filipowiak wurden hier die Überreste einer Siedlung freigelegt, die von der Größe und Datierung der Funde her mit den Quellen übereinzustimmen schien. Da allerdings weder das Ortsschild noch die in Liedern besungenen »erzernen Stadttore« ans Licht kamen, kümmerte sich die Legende nicht weiter um die Wissenschaft, bis sich die Wissenschaft 1998 wieder um die Legende bemühte.

Dr. Klaus Goldmann, Oberkustos des Museums für Vor- und Frühgeschichte der Staatlichen Museen zu Berlin stellte zusammen mit dem Publizisten Günther Wermusch eine neue Theorie auf, die auf einer Neuinterpretation der Quellen anhand der **»Wiederentdeckung«** eines vierten, westlich gelegenen Oderarms fußt. Die »Wiederentdeckung« ist insofern heikel, als es durchaus bekannt war, dass die Recknitz, die bei Damgarten in den Saaler Bodden mündet, früher mit der Oder in Verbindung stand. Nur dass dieses »früher« bislang mit der letzten Eiszeit vor 13.000 Jahren endete und nicht im 12. Jahrhundert, wie Goldmann und Wermusch herausgefunden haben wollen.

Da die beiden ihre Erkenntnisse der Öffentlichkeit zuerst in einer Sondernummer der Zeitschrift GEO vorstellten, hätte es bei einer publizistischen Eintagsfliege bleiben können, wäre da nicht der findige Bürgermeister der Stadt Barth gewesen. Denn das von der Nachwendezeit nicht gerade verwöhnte Städtchen am gleichnamigen Bodden rückte nach dieser Theorie direkt ins Zentrum des neugefundenen Vinetas. Bürgermeister Löttge ergriff die Möglichkeit beim Schopfe, seinen Ort groß rauszubringen und landete den Vineta-Coup des Jahres 1998: Er meldete beim Münchner Patentamt Rechte auf »Vineta« an. Die Münchner Beamten, die bis dahin nicht einmal wussten, ob man Vineta mit »F« oder »V« schreibt, willfahrten dem Ansinnen, und das publizistische Sommerthema für die ganze Region war gefunden. In Koserow und Zinnowitz auf Usedom rieb man sich die Augen, man hatte hier Vineta-Straßen, Hotels, Gaststätten, Kioske und seit 1997 sogar **Vineta-Festspiele**, aber ein Patent hatte man nicht.

Schon drohte der Rechtsstreit, da lenkten die Barther ein, eine **Verwertungsgemeinschaft** wurde gegründet und fortan verdienen die beiden Usedomer Badeorte am Barther Patent mit. Den Kitt zu solcher Einigkeit lieferte nicht zuletzt die Kultur, sprich ein findiges Theater. Die **Vorpommersche Landesbühne aus Anklam** hatte schon 1997 mit den Vineta-Fest-

➢ Die Vineta-Festtage sind ein gemeinsames Projekt der Vorpommerschen Landesbühne Anklam und der Stadt Barth

spielen in Zinnowitz die dortige Freilichtbühne vor dem Verfall gerettet und dem Ort ein touristisches Highlight geliefert, das immerhin jährlich von über 25.000 BesucherInnen bejubelt wird. Man sattelte gleich noch eins drauf und ließ sich vom Wirtschaftsministerium eine ganzjährig bespielte Theaterhalle fördern - als »Saison verlängernde Maßnahme«. Warum, so dachten sich die findigen Stadtvertreter Barths, sollte am Bodden nicht möglich sein, was am Achterwasser so viel Ehre und Erfolg einbrachte?

Seit 1999 richten das Anklamer Theater und die Stadt Barth nun also die **Vineta-Festtage** aus. Sie finden in der zweiten Augusthälfte statt und bestehen in der Hauptsache aus neun Aufführungen eines eigens zu diesem Zweck neu geschriebenen und inszenierten Theaterstücks mit Musik, Gesang und Tanz. Es spielen Barther Bürgerinnen und Bürger auf einer schwimmenden Bühne im Hafen der Stadt. Abgerundet werden die Festtage von einem bunten **Mittelaltermarkt**.

Aber damit nicht genug der Kultur. Als für die Laientruppe ein Winterdomizil gesucht wurde, kam ein weiteres festes Theater dabei heraus. Aus dem ehemaligen Kulturhaus der längst abgerissenen Zuckerfabrik entstand die **»Barther Bodden Bühne«**, die seit dem Frühjahr 2000 das Nordvorpommersche Kulturleben bereichert. Der Plan, ausgerechnet mit Theater auf Touristenfang zu gehen, scheint zu funktionieren, und so steigt die Zahl derjenigen, die in Barth nicht nur ihre Autoabgase lassen, wenn sie auf den Darß brausen, sondern das freundliche Städtchen um seiner selbst willen und wegen der einmaligen Angebote aufsuchen.

Wer per Dampfer über den Bodden anreist, fährt ja womöglich über die versunkene Stadt hinweg, und den Vinetern kann es schließlich egal sein, dass sie ihre Wiederauferstehung als kulturelles Markenzeichen erhalten. Und solange das Ortsschild nicht gefunden wird, ist die Theater-Fantasie ohnehin über jeden wissenschaftlichen Zweifel erhaben.

Piet Oltmanns

➢ Winterfreuden: Eissegler auf dem Bodden

Reiseinformationen von A–Z

Anreise

Mit dem Wagen

Aus westlicher und südlicher Richtung: A 19 bis Abfahrt Rostock-Ost, weiter auf der B 105 in Richtung Stralsund bis Altheide (vor Ribnitz-Damgarten) in Richtung Fischland

Alternative-Strecke: A 19 bis Rostock-Süd in Richtung Sanitz, über Marlow oder Bad Sülze, Löbnitz und Barth

Aus östlicher Richtung: Auf der B 96 und B 105 über Barth. Die Meinigenbrücke nördlich von Barth wird saisonabhängig zu bestimmten Zeiten für die Schifffahrt geöffnet und ist dann für den Straßenverkehr gesperrt.

Mit dem Zug/Bus

Anfahrt per Zug bis Ribnitz-Damgarten (West) oder Barth. Weiterfahrt nach Fischland, Darß und Zingst mit der Buslinie A 210, zur südlichen Boddenküste mit der Buslinie A 214.

★ Reisezugauskunft, Tel. 01805/996633

★ Zentrale Busauskunft, Tel. 03821/886565

Mit dem Flugzeug

Bis Rostock/Laage oder Barth

Auskünfte

Die Region im World Wide Web

Die offizielle Website des Tourismusverbandes Fischland-Darß-Zingst e.V. bietet einen kompakten Blick auf die Region:

★ www.darss.net

Ein interaktives Gastgeberverzeichnis mit touristischen Informationen und einem aktuellen Veranstaltungskalender wurde erstellt vom Call Center entdeckemv.de:

★ www.entdeckemv.de

Einen Kleinanzeigenmarkt, Online-Shops sowie Informationen über Unterkunftsmöglichkeiten im Raum Fischland-Darß-Zingst und der südlichen Boddenküste präsentiert die Website:

★ www.halbinsel.de

Einen regionalen Wetterdienst speziell für Mecklenburg-Vorpommern findet man unter:

★ www.wetterwarte-mv.de

Überregionale Verbände

Verband Mecklenburgischer Ostseebäder e.V., Kühlungsborner Str. 4, 18209 Heiligendamm, Tel. 038203/62120, Fax 62193

Landesfremdenverkehrsverband Mecklenburg-Vorpommern e.V., Platz der Freundschaft 1, 18059 Rostock, Tel. 0381/4030500, Fax 4030555

Tourismusverband Fischland-Darß-Zingst e.V., Barther Str. 31, 18314 Löbnitz, Tel. 038324/6400, Fax 64034, E-mail: tv.fdz@t-online.de

Örtliche Auskünfte

Barth

Barth-Information, Lange Str. 16, 18356 Barth, Tel./Fax 038231/2462

Born

Kur- und Tourist-GmbH Darß, Kurverwaltung Born, Chausseestr. 75, 18375 Born, Tel. 038234/50421, Fax 50431

Ostseebad Ahrenshoop

Kurverwaltung Ostseebad Ahrenshoop, Kirchnersgang 2, 18347 Ostseebad Ahrenshoop, Tel. 038220/234, Fax 300

Ostseebad Dierhagen

Kurverwaltung Ostseebad Dierhagen, Im »Haus des Gastes«, Ernst-Moritz-Arndt-Str. 2, 18347 Ostseebad Dierhagen, Tel. 038226/201, Fax 80466

Ostseebad Prerow

Kur- und Tourismusbetrieb, Gemeindeplatz 1, 18375 Ostseebad Prerow, Tel. 038233/6100, Fax 61020

Ostseebad Wustrow

Kurverwaltung Ostseebad Wustrow, Strandstr. 10, 18347 Wustrow, Tel. 038220/251, Fax 253

Ostseebad Zingst

Gästeinformation der Kur- und Tourismus GmbH Zingst, Seestraße 56-57, 18374 Ostseebad Zingst, Tel. 038232/81580, Fax 81550

Ribnitz-Damgarten

Stadtinformation Ribnitz-Damgarten, Am Markt 1, 18311 Ribnitz-Damgarten, Tel. 03821/2201, Fax 894750

Wieck

Kur- und Tourist-GmbH Darß, Kurverwaltung Wieck, Bliesenrader Weg 2, 18375 Wieck, Tel. 038233/201, Fax 497

Baden

Zu den regionalen Besonderheiten gehört die Freizügigkeit am Strand und beim Baden. Traditionell sind in Ahrenshoop und am Weststrand des Darß die Grenzen zwischen den so genannten Textilstränden und den FKK-Stränden fließend. Auf eine besondere Abgrenzung wird seit einigen Jahren verzichtet.

Alle Ostseebäder haben ausgeschilderte Strandabschnitte, die von Mitgliedern der DLRG überwacht werden. Unbewachte Strandabschnitte sind als solche gekennzeichnet. Ein Badeverbot wird entweder durch zwei oder durch einen hochgezogenen Ball bekannt gegeben, ein eingeschränktes Verbot durch einen hochgezogenen oder einen halb hochgezogenen roten Ball. In Prerow und Zingst herrscht die Zwei-Ball-Variante vor, in Ahrenshoop, Wustrow und Dierhagen reicht dagegen ein Ball zur Warnung.

Camping

Barth

Jugendherberge Barth, Donnerberg, 18356 Barth, Tel. 038231/2843 (nur für Mitglieder des DJHW)

Bodstedt

Campingplatz Bodstedt, Damm 1, Tel. 038231/4226

Born

Campingplatz Born, Tel. 038234/244

Jugendherberge Ibenhorst, Im Darßer Wald, Tel. 038234/229 (keine Wohnmobile)

Ostseebad Dierhagen

Ostseecamp Dierhagen, Ernst-Moritz-Arndt-Straße, Tel. 038226/80778

Campingplatz »An den Stranddünen«, Waldweg 5, Tel. 038226/80492

Camping Neuhaus, Birkenallee 10, Tel. 038226/409

Ostseebad Prerow

Regenbogen Camp, Tel. 038233/331

Robinson-Camp, Hagensdüne, Tel. 038233/60198

Ostseebad Wustrow

Surfcenter Wustrow, Am Windrad, Wustrow, Tel. 038220/80250 (nur Wohnmobile)

Ostseebad Zingst

Campingplatz »Am Freesenbruch«, Tel. 038232/15786 (ganzjährig)

Tagesparkplatz für Camper (eine Übernachtung), Strandübergang 6

Fahrradverleih

Born

Neumann, Im Moor 2, Born, Tel. 038234/272

Ostseebad Ahrenshoop

Brilke, Hauptstr. 1, Ortsteil Niehagen, Tel. 038220/80396

Reiner Gielow, Dorfstr. 21, Tel. 038220/80134

Ostseebad Dierhagen

Deichmüller, Am Hafen, Tel. 038226/80166

Elvers, Ahornstr., Tel. 038226/80204

Ostseebad Prerow

Hotel Bernstein, Buchenstr. 34-42, Tel. 038233/64000

Wiedner, Grüne Str. 20 a und 2 b, Tel. 038233/60187

Wittenburg, Bebelstr. 18, Tel. 038233/69760

Ostseebad Wustrow

Schröder, Lindenstr. 17, Tel. 038202/80905

Dorint-Hotel, Freizeitagentur Chaos, Strandstr. 46, Tel. 038220/65940

Ostseebad Zingst

Breid, Fritz-Reuter-Str. 8, Tel. 038232/80409

Luft im Hotel Schlößchen Sundische Wiese, Tel. 038232/15759

Oswald, Lindenstr. 12, Tel. 038232/1490

Ribnitz-Damgarten

Lange-Fahrrad, Lange Str. 78, Tel. 03821/2709

Wieck

Kowalewski, Borner Weg 1, Tel. 038233/60271

Gastronomie (Auswahl)

Barth

Restaurants:

Restaurant Jorgos, Zingster Str. 1, Tel. 038231/89573

Speicher, im Hotel Speicher, Am Osthafen 2, Tel. 038231/63300

Born

Restaurants:

Mühlenstube, Nordstr. 25, Tel. 038234/472

Steakhaus Boddenperle, (Pension Seekiste) Im Moor 13, Tel. 038234/241

Zum Weißen Hirsch, Chausseestr. 28, Tel. 038234/435

Verkauf von frischem Räucherfisch im Zingster Hafen

Ostseebad Ahrenshoop

Cafés:

Buhne 12, Grenzweg 12, Tel. 038220/232

Café Charlottenhof, Grenzweg 3, Tel. 038220/302

Restaurants:

Café Namenlos, Am Schifferberg 2, Tel. 038220/80156

Café Saatmann, Bernhard-Seitz-Weg 17, Tel. 038220/6070

Der Fischländer, Dorfstr. 47 e, Tel. 038220/6950

Haus Elisabeth von Eicken, Dorfstr. 39, Tel. 038220/6990

Kap der Guten Hoffnung, Niehagen, Tel. 038220/320

Ristorante da Massiomo, Bernhard-Seitz-Weg 18, Tel. 038220/80957

Räucherhaus Schönthier, Am Hafen, Tel. 038220/6946

Zur Robbe, Dorfstr. 29, Tel. 038220/80136

Ostseebad Dierhagen

Café:

Café Grün, Hafenstr. 6a, Tel. 038226/332

Restaurants:

Fischerstübchen, Kirchstr. 3, Tel. 038226/80212

Haus Windhook, Amselweg 4, Tel. 038226/80571

Schipperhus, Strandstr. 6, Tel. 038226/80211

Werth's Hof, Neue Str. 6, Tel. 038226/5080

Ostseebad Prerow

Café:

Teeschale, Waldstr. 50, Tel. 038233/60845

Restaurants:

Fischgaststätte Rennhack, Waldstr. 2, Tel. 038233/60989

Haus Kranich, Waldstr. 38, Tel. 038233/6390

Klönsnack, Bergstr. 9, Tel. 038233/69773

Ostseeperle, Schulstr. 7a, Tel. 038233/60174

Restaurant Seeblick, An der Seebrücke, Tel. 038233/348

Seegasthof Am Hafen, Lange Str. 2, Tel. 038233/328

Titania, im Hotel Waldschlösschen, Bernsteinweg 4, Tel. 038233/6170

Voß's Gute Stube, Villenstr. 6, Tel. 038233/60136

Zum Windflüchter, Bergstr. 18, Tel. 038233/6120

Ostseebad Wustrow

Cafés/Bistros/Kneipen:

Ben, Feldstr. 9, Tel. 038220/481

Swantewit, Strandstr. 56, Tel. 038220/82550

Vineta, Am Norderfeld 5, Tel. 038220/350

Restaurants:

Deutsches Haus, Hafenstr. 5, Tel. 038220/6970

Hotelschiff Stinne, Am Kuhleger, Tel. 038220/336

Kraug to Hus, Thälmannstr. 3, Tel. 038220/557

La Riva – Trattoria al Mare, Lindenstr. 22, Tel. 038220/80967

Moby Dick, Strandstr. 54, Tel. 038220/6680

Restaurant Sonnenhof, Strandstr. 33, Tel. 038220/6190

Schifferwiege, Karl-Marx-Str. 30, Tel. 038220/80336

Swantewit, Strandstr. 56, Tel. 038220/82550

Ostseebad Zingst

Cafés/Bistros/Kneipen:

Café & Teesalon, Postplatz 1 a, Tel. 038232/16666

Düne 10, Seestr. 4a, Tel. 038232/12161

Kon Tiki, Seestr. 32, Tel. 038232/15544

Meeresrauschen, Seestr. 3, Tel. 038232/130182

Zingster Kaffeepott, Hafenstr. 4, Tel. 038232/80156

Restaurants:

De olle Zingster, Boddenhörn 1, Tel. 038232/15406

Fischerklause, Strandstr. 10, Tel. 038232/15205

Kranichrast, Kranichrast 2, Tel. 038232/12270

La Trattoria, Strandstr. 24, Tel. 038232/80686

Martini, Hafenstr. 10, Tel. 038232/80741

Restaurant im Hotel Schlösschen, Sundische Wiese, Tel. 038232/8180

Restaurant Marks, Jordanstr. 7, Tel. 038232/16140

Skipper, Alte Reihe 5a, Tel. 038232/15680

Strandhus, im Steigenberger Esprix Aparthotel, Seestr., Tel. 038232/85881

Strandkate, Klosterstr. 8, Tel. 038232/15259

Zingster Ostseeklause, Seestr. 1 b, Tel. 038232/15143

Zum Anker, Postplatz 5, Tel. 038232/15509

Wieck

Café:

Darßer Teekaten, Nordseite, Tel. 038233/60151

Restaurant:

Haferland, im Hotel Haferland, Bauernreihe 5, Tel. 038233/680

Kinos

Lichtspieltheater haben Bodstedt, Born , die Ostseebäder Ahrenshoop, Dierhagen, Prerow, Wustrow und Zingst sowie Ribnitz-Damgarten. Im Sommer gibt es in einigen Ostseebädern zusätzlich mobile Filmtheater in Zelten.

Kunst und Ausstellungen

Bresewitz

Kunst auf Schienen, Bahnhofstr. 1, Tel. 038231/80629

Ostseebad Ahrenshoop

Atelier im Dornenhaus, Bernhard-Seitz-Weg 1, Tel. 038220/80963

Bunte Stube, Buchhandlung und Galerie, Dorfstr. 24, Tel. 038220/238

Galerie im Dünenhaus, Schifferberg 9, Tel. 038220/6060

Haus Elisabeth von Eicken, Galerie – Hotel – Restaurant, Dorfstr. 39, Tel. 038220/6990

Künstlerhaus Lukas der Stiftung Kulturfonds, Dorfstr. 35, Tel. 038220/6940

Kunstkaten Ahrenshoop, Strandweg 1, Tel. 038220/80308

Neues Kunsthaus Ahrenshoop, Bernhard-Seitz-Weg 3a, Tel. 038220/80726

Strandhalle Ahrenshoop, Dorfstr. 16 b, Tel. 038220/82522

Ostseebad Dierhagen

Haus des Gastes, Ernst-Moritz-Arndt-Str. 2, Tel. 038226/201

Ostseebad Prerow

Kulturkaten »Kiek In«, Waldstr. 42, Tel. 038233/69751

Ostseebad Wustrow

Ateliergalerie Gravenhorst, Norderstr. 7, Tel. 038220/80560

Fischlandhaus Wustrow, Neue Str. 38, Tel. 038220/80465

Kunstscheune Barnstorf, Hufe IV, Tel. 038220/201

Ostseebad Zingst

Atelier Schöttler, Hafenstr. 1-4 b, Tel. 038232/12154

Ausstellung Kunst & Co., Lindenstr. 41, Tel. 038232/80572

Ausstellung Mandrysch & Arndt, Hanshäger Str., Tel. 038232/80513

Galerie »Am Gartenzaun«, Ortsteil Müggenburg, Dorfstr. 10, Tel. 038232/80692

Galerie im Schifferhus, Neue Reihe 6, Tel. 038232/15331

Galerie Meeresblick, Seestr. 56, Tel. 038232/81586

Galerie Zingst, Postplatz 3, Tel. 038232/89700

Ribnitz-Damgarten

Galerie im Kloster des Kunstvereins Ribnitz-Damgarten e. V., Im Kloster 3, Tel. 03821/4701

Kurkliniken

Ostseebad Ahrenshoop

Reha-Klinik, Dorfstr. 55, Tel. 038220/630

Ostseebad Dierhagen

Ostseeklinik, Wiesenweg 1, Tel. 038226/510

Ostseebad Prerow

Barmer-Ostseeklinik, Kirchenort 5, Tel. 038233/650

Ostseebad Wustrow

Ostseekurklinik Fischland, An der Seenotstation 1, Tel. 038220/620

Ostseebad Zingst

Mutter-Kind-Kurklinik »Neue Straminke«, Neue Straminke 1, Tel. 038232/870

Mutter-Kind-Kurhaus »Haus am Meer«, Birkenstr. 4, Tel. 038232/8200

Meiningenbrücke

Die Meinigenbrücke nördlich von Barth wird zeitweise für die Schifffahrt geöffnet und damit für den Straßenverkehr gesperrt. Die Öffnungszeiten werden in der Tagespresse angekündigt. Zuständig ist das Wasser- und Schifffahrtsamt Stralsund, Tel. 03831/249-0.

Museen

Barth

Darßbahn-Ausstellung, Bahnhofstr. 1 (Bahnhof), 18356 Bresewitz, Tel. 038231/80629. Geöffnet Mi.–Sa. 10–12 und 16–18 Uhr, So. 16–18 Uhr.

Vineta-Museum, Lange Str. 16, 18356 Barth, Tel. 038231/81771. Geöffnet Di.–Sa. 10–12 und 13–17 Uhr, So. 14–17 Uhr.

Born

Forst- und Jagdmuseum »Ferdinand von Raesfeld«, Alte Försterei Darß, Chausseestr. 64, 18375 Born, Tel. 038234/30297. Geöffnet Sa./So. 10–16 Uhr, in der Saison laut Aushang.

Groß Mohrdorf

Kranich-Informationszentrum, Lindenstr. 27, 18445 Groß Mohrdorf, Tel. 038323/80540. Geöffnet März bis Juni Mi.–So. 10–16 Uhr, Juli/August Di.–So. 10–16.30 Uhr, September/Oktober Mi.–So. 9.30–17.30 Uhr, November Di.–So. 10–16.30 Uhr.

Ostseebad Prerow

Darß-Museum Prerow, Waldstr. 48, 18375 Ostseebad Prerow, Tel. 038233/69750. Geöffnet Mai bis Oktober tägl. 10–17 Uhr, November bis April Mi.–So. 13–16 Uhr.

Natureum Darßer Ort, Außenstelle des Deutschen Meeresmuseums Stralsund, Leuchtturm Darßer Ort, Tel. 038233/304. Geöffnet Mai bis Oktober tägl. 9–18 Uhr, November bis April Mi.–So. 11–16 Uhr; Naturführungen Sa. 11 Uhr.

Ostseebad Zingst

Heimatmuseum Zingst , Strandstr. 19, 18347 Ostseebad Zingst, Tel. 038232/15561. Geöffnet Mai bis September Mo.–Fr. 10–17 Uhr, Sa./So. 13–16 Uhr, Oktober bis April Mo.–Fr. 10–16 Uhr, So. 13–16 Uhr.

Ribnitz-Damgarten

Deutsches Bernsteinmuseum, Im Kloster, 18311 Ribnitz-Damgarten, Tel. 03821/4622. Geöffnet April bis Oktober tägl. 9.30–17.45 Uhr, November bis März Mi.–So. 9.30–17 Uhr.

Nationalpark

Nationalparkamt Vorpommersche Boddenlandschaft, Im Forst 5, 18375 Born, Tel. 038234/5020, Fax 50224.

Darßer Arche – Nationalpark- und Gästezentrum, Bliesenrader Weg 2, 18375 Wieck, Tel. 038233/70380

Informationsausstellung Barhöft, unmittelbar am Barhöfter Kliff mit Blick über den Bodden bis nach Hiddensee; geöffnet April bis August Mi.–So. 10–17 Uhr, September bis März Mi.–So. 10–16 Uhr.

Informationsausstellung Born, auf dem Gelände der ehemaligen Oberförsterei; geöffnet ganzjährig Fr.–Mo. 10–16 Uhr.

Informationsausstellung Sundische Wiese, Ausgangspunkt für Wanderungen nach Pramort; geöffnet April bis August tägl. 11–17 Uhr, September bis März tägl. 10–16 Uhr.

Post

Postämter befinden sich in allen Orten, teilweise als Postagenturen in Edeka-Märkten.

Rundflüge

Ab Flughafen Stralsund-Barth, Tel. 038231/89551

Schiffsfahrten

Boddenrundfahrten:

ab Ahrenshoop, Bodstedt, Born, Dierhagen, Prerow, Wustrow und Zingst

Fähren und Linienschifffahrt:

ab Zingst nach Barth

ab Zingst nach Hiddensee

Fahrten mit Zeesenbooten:

Bodstedt

Traditionshafen e.V., Herr Rammin, Tel. 038231/4414

Ostseebad Ahrenshoop

Herr Schönthier, Tel. 038220/6946

Ostseebad Prerow

Herr Thöbe, im Hafen am Prerowstrom

Ostseebad Wustrow

Fischländer Segelschule Matthias Dabels, Am Fischländer Hafen, Tel. 038220/80950 und 0171/3277290

Herr Eymael, Tel. 038220/201

Ostseebad Zingst

Herr Möhr, 038233/15604

Wieck

Darßer Zeesboot Kommün, Herr Daetz, Tel. 038234/5060

Sport

Golf

Golfplatz Ribnitz-Damgarten, Ortsteil Neuhof, Pappelallee 23 a, Tel. 03821/894610

Kegeln/Bowling

Bahnen befinden sich in Barth, Fuhlendorf, Ostseebad Dierhagen und Ribnitz-Damgarten.

Minigolf

Minigolfplätze gibt es in Bodstedt, in den Ostseebädern Dierhagen, Prerow und Zingst sowie in Ribnitz-Damgarten, Ortteil Neuhof.

Reiten

Reiterhof Planitz, Waldstr. 53 b, Barth, Tel. 038231/2920

Reiterhof Kafka, Im Moor 17, Born, Tel. 038234/249

Reiterhof Völkner/Brennecke, Hauptstr. 2, Ortsteil Althagen, Ostseebad Ahrenshoop, Tel. 038220/80810

Reiterhof Guido Lange, Wallstr. 1, Ostseebad Dierhagen, Tel. 038226/80679

Reittouristik Jennerjahn, Mühlenstr. 13, Ostseebad Prerow, Tel. 038233/60160

Reiterhof Illner, Landstraße, Ortsteil Müggenburg, Ostseebad Zingst, Tel. 038232/15628

Schwimmen

Erholungszentrum Fischland, An der Seenotstation 1, Ostseebad Wustrow, Tel. 038220/620

Kurmittelcentrum/Öffentliches Kurmittelhaus, Rämel, Ostseebad Zingst, Tel. 038232/830

Hotelschwimmbäder gibt es außerdem in Ahrenshoop, Dierhagen, Prerow, Wustrow und Zingst.

Segeln

Fischländer Segelschule Matthias Dabels, Am Fischländer Hafen, Ostseebad Wustrow, Tel. 038220/80950 und 0171/3277290

Surfen

Surfstation am Strandübergang 16 im Ostseebad Zingst

Surfcenter Wustrow, Fischländer Weg 1, Ostseebad Wustrow, Tel. 038220/80250

Tauchen

Ostseebad Prerow, Kurbetrieb, Tel. 038233/6100

Ostseebad Zingst, Tauchsportclub »Störtebeker e.V.«, Tel. 038232/15576 und 15713

Tennis

Außenanlage, Divitzer Wanderweg, Barth, Tel. 038231/2464

Strandhotel Fischland, Ernst-Moritz-Arndt-Str. 6, Ostseebad Dierhagen, Tel. 038226/520 (Hallen- und Außenplätze)

Hotel Bernstein, Buchenstr. 42, Ostseebad Prerow, Tel. 038233/640 (Außenanlage)

Tennisfreianlage, Strandstraße, Ostseebad Wustrow, Tel. 038220/80197

Tennis- und Freizeitanlage, Hägerende 5, Ostseebad Zingst, Tel. 038232/12200 (Hallen- und Außenplätze)

Taxi

Thiel, Ostseebad Dierhagen, Tel. 038226/482 und 0172/3100962

Langmann, Ostseebad Zingst, Tel. 038232/15289

Oelke, Ostseebad Zingst, Tel. 038232/15610

– in Ribnitz-Damgarten

– in Barth

– in Born

– im Ostseebad Prerow

Tankstellen

gibt es in Barth, Born, Ostseebad Zingst und Ribnitz-Damgarten

Unterkünfte (Auswahl)

Jugendherbergen:

Jugendherberge Barth, Donnerberg, 18356 Barth, Tel. 038231/2843

Jugendherberge Ibenhorst, Im Darßer Wald, 18375 Born , Tel. 038234/ 229

Jugendherberge Ribnitz-Damgarten, Am Wasserwerk, 18311 Ribnitz-Damgarten, Tel. 03821/812311

Jugendherberge Zingst, Glebbe 14, 18374 Ostseebad Zingst, Tel. 038232/ 15465

Hotels und Pensionen:

Born

Haus Seezeichen, Im Moor 3 a, 18375 Born, Tel. 038234/559801

➢ Moderne Nutzung eines alten Getreidespeichers: das Ringhotel Speicher im Barther Hafen

Barth

Hotel Barth, Lange Str. 60, 18356 Barth, Tel. 038231/623

Ringhotel Speicher, Am Osthafen 2, 18356 Barth, Tel. 038231/63300

Pension Robinienhof, Klosterstr. 3. 18356 Fuhlendorf, Tel. 038231/4333

Ostseebad Ahrenshoop

Haus Elisabeth von Eicken, Dorfstr. 39, 18347 Ahrenshoop, Tel. 038220/ 6990

Hotel Der Fischländer, Dorfstr. 47 e, 18347 Ahrenshoop, Tel. 038220/ 6950

Hotel Fischerwiege, Schifferberg 9 a, 18347 Ahrenshoop, Tel. 038220/ 6060

Hotel Haus am Meer, Dorfstr. 36, 18347 Ahrenshoop, Tel. 038220/ 80816

Landhaus Esper-Ort, Althagen Nr. 6, 18347 Ahrenshoop, Tel. 038220/ 60220

Ostseehotel Haus Antje, Hauptstr. 1, 18347 Ahrenshoop, Tel. 038220/ 6980

Pension Bergfalke, Schifferberg 2, 18347 Ahrenshoop, Tel. 038220/ 6060

Pension Bradhering, Weg zum Kiel 7, 18347 Ahrenshoop-Niehagen, Tel. 038220/414

Pension Charlottenhof, Grenzweg 3, 18347 Ahrenshoop, Tel. 038220/ 302

Strandhotel Möwe, Schifferberg 16-17, 18347 Ahrenshoop, Tel. 038220/ 6080

Ostseebad Dierhagen

Haus Am See, Zur Blockwiese 3, 18347 Dierhagen-Dorf, Tel. 038226/ 386

Hotel Am Moor, Peter-Jahnke-Str. 3, 18347 Dierhagen, Tel. 038226/265

Hotel An de See, Zwischen den Kiefern 1, 18347 Dierhagen-Neuhaus, Tel. 038226/5010

Hotel Blinkfüer, An der Schwedenschanze 20, 18347 Dierhagen, Tel. 038226/80384-86

Hotel Werth's Hof, Neue Str. 6, 18347 Dierhagen, Tel. 038226/5080

Pension An der Düne, Zwischen den Kiefern 3, 18347 Dierhagen, Tel. 038226/80323

Pension Hesse, Schulweg 4, 18347 Dierhagen-Dändorf, Tel. 038226/69314

Pension Schreiber, Deichweg 8, 18347 Dierhagen, Tel. 038226/80011

Strandhotel Fischland, Ernst-Moritz-Arndt-Str. 6, 18347 Dierhagen-Strand, Tel. 038226/520

Ostseebad Prerow

Hotel Am Hafen, Lange Str. 2, 18375 Prerow, Tel. 038233/328

Hotel Bernstein, Buchenstr. 42, 18375 Prerow, Tel. 038233/64000

Hotel Haus Linden, Gemeindeplatz, 18375 Prerow, Tel. 038233/636

Hotel Residenz Rennhack, Hagenstr. 1/ Küsters Allee, 18375 Prerow, Tel. 038233/7000

Hotel Waldschlößchen, Bernsteinweg 4, 18375 Prerow, Tel. 038233/6170

Hotel-Pension Alter Bahnhof, Kirchenort, 18375 Prerow, Tel. 038233/60825 od. 7070

Landhaus Lange, Lange Str. 9, 18375 Prerow, Tel. 038233/60153

Pension Linde, Waldstr. 33, 18375 Prerow, Tel. 038233/60245

Pension Seeadler, Grüne Str. 64, 18375 Prerow, Tel. 038233/ 6130

Pension Voß, Villenstr. 6, 18375 Prerow, Tel. 038233/370

Pension Windrose, Lange Str. 6, 18375 Prerow, Tel. 038233/384

Ostseebad Wustrow

Dorint Hotel, Strandstr. 46, 18347 Wustrow, Tel. 038220/650

Hotel Deutsches Haus, Hafenstr. 5, 18347 Wustrow, Tel. 038220/6970

Hotel Sonnenhof, Strandstr. 33, 18347 Wustrow, Tel. 038220/6190

Hotelschiff Stinne, Am Kuhleger, 18347 Wustrow, Tel. 038220/336

Ostseehotel Wustrow, Fischländer Weg 35, 18347 Wustrow, Tel. 038220/6250

Pension Schlunt, Osterstr. 30, 18347 Wustrow, Tel. 038220/80515

Ostseebad Zingst

Hotel Am Strand, Birkenstr. 21, 18374 Zingst, Tel. 038323/15600

Hotel Marks, Jordanstr. 7, 18374 Zingst, Tel. 038323/16140

Hotel Meerlust, Seestr. 72, 18374 Zingst, Tel. 038232/8850

Hotel Parkresidenz, Hafenstr. 7, 18374 Zingst, Tel. 05281/620157

Hotel Schlößchen, Sundische Wiese, 18374 Zingst, Tel. 038232/8180

Hotel Seebrücke, Seestr. 53, Tel. 038232/840

Hotel Steigenberger, Seestr. 54, 18374 Zingst, Tel. 038323/850

Hotel-Pension Meeresrauschen, Seestr. 51, 18374 Zingst, Tel. 038232/1301

Inselparadies, Klosterstr. 20 a, 18374 Zingst, Tel. 038323/15326

Pension Boddenhus, Hafenstr. 6, 18374 Zingst, Tel. 038232/15713

Pension Hus Sünnenkringel, Schulstr. 15, 18374 Zingst, Tel. 038323/8830

Pension Zum Anker, Postplatz 5, 18374 Zingst, Tel. 038323/15509

Ribnitz-Damgarten

Hotel Zum Bodden, Lange Str. 54, 18311 Ribnitz-Damgarten, Tel. 03821/813575

Hotel-Pension Boddenblick, Grüne Str. 9, 18311 Ribnitz-Damgarten, Tel. 03821/812661

Wieck

Hotel Haferland, Bauernreihe 5, 18375 Wieck, Tel. 038233/680

Zum Weiterlesen

Karl-Ludwig Barkhausen (Hg.): Reisen nach Schleswig-Holstein und Dänemark (1910) und ins Fischland (1934). Hamburg 1996

Karl Bartsch: Sagen, Märchen und Gebräuche aus Meklenburg. Reprint der Ausgaben Wien 1879 und 1880, Hildesheim 1978

Andreas Ditzel, Ernst-Uwe Krohn, René Legrand: Zeesenboote im Nationalpark. Ribnitz-Damgarten 1994

Peter Gerds, Wolf-Dietrich Gehrke: Vom Fischland in die Welt. 3. Aufl. Rostock 1989

Horst Kutzer (Hg.): Das ist die Ostsee. Literarische Eindrücke von Flensburg bis Usedom. Rendsburg 1998

Fritz Meyer-Scharffenberg: Zwischen Meer und Bodden. Rostock 1976

Käthe Miethe: Das Fischland. Ein Heimatbuch. 8. Aufl. Rostock 1998

Käthe Miethe: Auf großer Fahrt. Die Navigationsschule zu Wustrow auf Fischland. Rostock 1990

Timm Stütz: Erlebniswelt Zeesenboote. Hamburg 1997

Carl-Albrecht v. Treuenfels: Kraniche – Vögel des Glücks. Hamburg 1998

Otfried Wagenbreth, Walter Steiner: Geologische Streifzüge. Landschaft und Erdgeschichte zwischen Kap Arkona und Fichtelberg. Leipzig 1990

Hermann Winkler: Zeesboote. Fischersegler zwischen Strom und Haff. Rostock 1986

Orts- und Sachregister

Mit Edition Temmen auf Reisen …

Borkum

ISBN 3-86108-416-3
120 S., 60 farb. Abb.
Broschur, 12 x 19,5 cm
10.90 €, 20.10 sFr

Bremerhaven

ISBN 3-86108-464-3
172 S., 70 farb. Abb.
Broschur, 12 x 19,5 cm
10.90 €, 20.10 sFr

Cuxhaven

ISBN 3-86108-489-9
144 S., 60 farb. Abb.
Broschur, 12 x 19,5 cm
10.90 €, 20.10 sFr

Das Emsland

ISBN 3-86108-473-2
152 S., 60 farb. Abb.
Broschur, 12 x 19,5 cm
10.90 €, 20.10 sFr

Danzig

ISBN 3-86108-494-5
204 S., 80 farb. Abb.
Broschur, 12 x 19,5 cm
12.90 €, 23.70 sFr

Spiekeroog

ISBN 3-86108-420-1
120 S., 71 farb. Abb.
Broschur, 12 x 19,5 cm
10.90 €, 20.10 sFr